博雅国际汉语精品教材

北大版长期进修汉语教材

博雅汉语听说·高级飞翔篇 I

Boya Chinese

Listening and Speaking (Advanced) I

李晓琪　主编

刘晓雨　张彩侠　编著

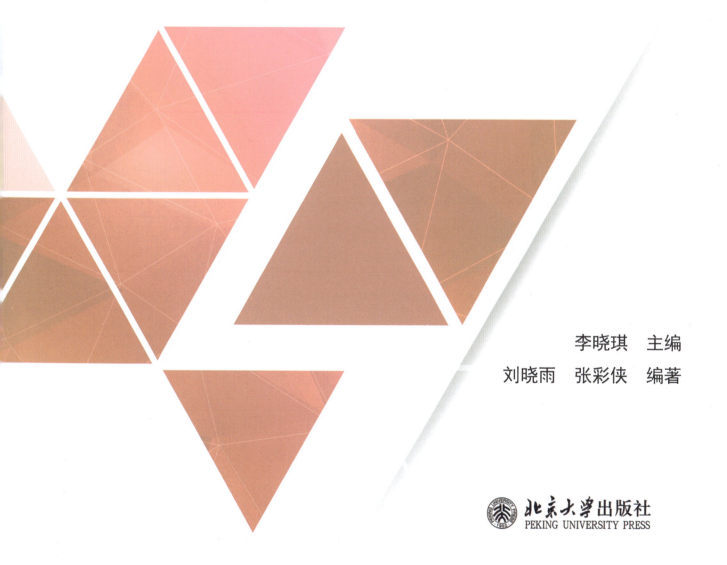

北京大学出版社
PEKING UNIVERSITY PRESS

图书在版编目(CIP)数据

博雅汉语听说. 高级飞翔篇. I / 刘晓雨，张彩侠编著. —北京：北京大学出版社，2020.8
ISBN 978-7-301-31235-3

Ⅰ.①博… Ⅱ.①刘…②张… Ⅲ.①汉语－听说教学－对外汉语教学－教材 Ⅳ.①H195.4

中国版本图书馆CIP数据核字(2020)第023185号

书　　　名	博雅汉语听说·高级飞翔篇Ⅰ BOYA HANYU TINGSHUO · GAOJI FEIXIANG PIAN Ⅰ
著作责任者	李晓琪主编，刘晓雨、张彩侠编著
责任编辑	路冬月
标准书号	ISBN 978-7-301-31235-3
出版发行	北京大学出版社
地　　　址	北京市海淀区成府路205号　100871
网　　　址	http://www.pup.cn　新浪微博：@北京大学出版社
电子信箱	zpup@pup.cn
电　　　话	邮购部 010-62752015　发行部 010-62750672　编辑部 010-62753374
印刷者	三河市博文印刷有限公司
经销者	新华书店
	889毫米×1194毫米　大16开本　14印张　274千字 2020年8月第1版　2020年8月第1次印刷
定　　　价	68.00元

未经许可，不得以任何方式复制或抄袭本书之部分或全部内容。
版权所有，侵权必究
举报电话：010-62752024　电子信箱：fd@pup.pku.edu.cn
图书如有印装质量问题，请与出版部联系，电话：010-62756370

前　言

"听、说、读、写"是第二语言学习者必备的四项语言技能，全面掌握了这四项技能，就能够实现语言学习的最终目标——运用语言自由地进行交际。为实现这一目的，自20世纪中后期起，从事汉语教学工作的教材编写者们在综合教材之外，分别编写了听力教材、口语教材、阅读教材和写作教材，这对提高学习者的"听、说、读、写"四项语言技能起到了至关重要的作用。不过，由于各教材之间缺乏总体设计，各位编者各自为政，产生的结果就是教材主题比较零散，词汇和语言点数量偏多，重现率偏低。这直接影响到教学效果，也不符合第二语言学习规律和现代外语教学原则。21世纪以来，听说教材和读写教材开始出现，且以中级听说教材和中级读写教材为主，这是教材编写的新现象。

本套系列教材突破已有教材编写的局限，根据语言教学和语言习得的基本原则，将听力教学和口语教学相结合，编写听说教材9册，将阅读教学和写作教学相结合，编写读写教材6册，定名为《博雅汉语听说》《博雅汉语读写》系列教材。这是汉语教材编写的一次有益尝试。为保证教材的科学性和有效性，在编写之前，编者们多次研讨，为每册教材定性（教材的语言技能性质）、定位（教材的语言水平级别）和定量（教材的话题、词汇和语言点数量），确保了教材设计的整体性和科学性。这符合现代外语教材编写思路和原则，也是本套教材编写必要性的集中体现。相信本套教材的出版，可为不同层次的学习者（从初级到高级）学习和掌握汉语的听说、读写技能提供切实的帮助，可为不同院校的听说课程和读写课程提供突出语言功能的成系列的好用教材。

还要说明的是，早在2004年，北京大学对外汉语教育学院的一些教师已经陆续编写和出版了《博雅汉语》综合系列教材，共9册。该套教材十余年来受到使用者的普遍欢迎，并获得北京大学2016年优秀教材奖。2014年，该套教材根据使用者的需求进行了修订。本次编写的《博雅汉语听说》《博雅汉语读写》系列教材与《博雅汉语》综合系列教材成龙配套，形成互补（听说9册与综合9册对应，读写分为初、中、高三个级别，也与综合教材对应）和多维度的立体结构。无论是从教材本身的体系来看，还是从出版的角度来说，同类系列汉语教材这样设计的还不多见，《博雅汉语》和《博雅汉语听说》《博雅汉语读写》系列教材的出版开创了汉语教材的新局面。

本套教材（听说系列、读写系列）的独特之处有以下几点：

1. 编写思路新，与国际先进教学理念接轨

随着中国国际地位的提高，世界各国、各地区学习汉语的人越来越多，汉语教学方兴未艾，编写合适的汉语系列教材是时代的呼唤。目前世界各地编写的汉语教材数量众多，但是很多教材缺乏理论指导，缺乏内在的有机联系，没有成龙配套，这不利于汉语教学的有效开展。国内外汉语教学界急需有第二语言教学最新理论指导的、有内在有机联系的、配套成龙的系列教材。本套系列教材正是在此需求下应运而生，它的独到之处主要体现在编写理念上。

第二语言的学习，在不同的学习阶段有不同的学习目标和特点，因此《博雅汉语听说》《博雅汉语读写》系列教材的编写既遵循了汉语教材的一般性编写原则，也充分考虑到各阶段的特点，较好地体现了各自的特色和目标。两套教材侧重不同，分别突出听说教材的特色和读写教材的特色。前者注重听说能力的训练，在过去已有教材的基础上有新的突破；后者注重读写能力的训练，特别重视模仿能力的培养。茅盾先生说："模仿是创造的第一步。"行为主义心理学也提出"模仿"是人类学习不可逾越的阶段。这一思想始终贯穿于整套教材之中。说和写，都从模仿开始，模仿听的内容，模仿读的片段，通过模仿形成习惯，以达到掌握和创新。如读写教材，以阅读文本为基础，阅读后即引导学习者概括本段阅读的相关要素（话题、词语与句式），在此基础上再进行拓展性学习，引入与文本话题相关的词语和句式表达，使得阅读与写作有机地贯通起来，有目的、有计划、有步骤、有梯度地帮助学生进行阅读与写作的学习和训练。这一做法在目前的教材中还不多见。

2. 教材内容突出人类共通文化

语言是文化的载体，也是文化密不可分的一部分，语言受到文化的影响而直接反映文化。为在教材中全面体现中华文化的精髓，又突出人类的共通文化，本套教材在教学文本的选择上花了大力气。其中首先是话题的确定，从初级到高级采取不同方法。初级以围绕人类共通的日常生活话题（问候、介绍、饮食、旅行、购物、运动、娱乐等）为主，作者或自编，或改编，形成初级阶段的听或读的文本内容。中级阶段，编写者以独特的视角，从人们日常生活中的喜怒哀乐出发，逐渐将话题拓展到对人际、人生、大自然、环境、社会、习俗、文化等方面的深入思考，其中涉及中国古今的不同，还讨论到东西文化的差异，视野开阔，见解深刻，使学习者在快乐的语言学习过程中，受到中国文化潜移默化的熏陶。高级阶段，以内容深刻、语言优美的原文为范文，重在体现人文精神、突出人类共通文化，让学习者凭借本阶段的学习，能够恰当地运用其中的词语和结构，能够自由地与交谈者交流自己的看法，能够自如地写下自己的观点和意见……最终能在汉语的天空中自由地飞翔。

3. 充分尊重语言学习规律

本套教材从功能角度都独立成册、成系列，在教学上完全可以独立使用；但同时又与综合教材配套呈现，主要体现在三个方面：

（1）与《博雅汉语》综合系列教材同步，每课的话题与综合教材基本吻合；
（2）词汇重合率在25%以上，初级阶段重合率在45%以上；
（3）语言知识点在重现的基础上有限拓展。

这样，初级阶段做到基本覆盖并重现综合教材的词语和语言点，中高级阶段，逐步加大难度，重点学习和训练表达任务与语言结构的联系和运用，与《博雅汉语》综合系列教材的内容形成互补循环。

配套呈现的作用是帮助学习者在不同的汉语水平阶段，各门课程所学习的语言知识（词语、句式）可以互补，同一话题的词语与句式在不同语境（"听、说、读、写"）中可以重现，可以融会贯通，这对学习者认识语言，同步提高语言"听、说、读、写"四项技能有直接的帮助。

4. 练习设置的多样性和趣味性

练习设计是教材编写中的重要一环，也是本套教材不同于其他教材的特点之一。练习的设置除了遵循从机械性练习向交际性练习过渡的基本原则外，还设置了较多的任务型练习，充分展示"做中学""练中学"的教学理念，使学习者在已有知识的基础上得到更深更广的收获。

还要特别强调的是，每课的教学内容也多以听说练习形式和阅读训练形式呈现，尽量减少教师的讲解，使得学习者在课堂上获得充分的新知识的输入与内化后的语言输出，以帮助学习者尽快掌握汉语"听、说、读、写"技能。这也是本套教材的另一个明显特点。

此外，教材中还设置了综合练习和多种形式的拓展训练，这些练习有些超出了本课听力或阅读所学内容，为的是让学习者在已有汉语水平的基础上自由发挥，有更大的提高。

综上，本套系列教材的总体设计起点高，视野广，既有全局观念，也关注每册的细节安排，并且注意学习和借鉴世界优秀第二语言学习教材的经验；参与本套系列教材的编写者均是具有丰富教学经验的优秀教师，多数已经在北京大学从事面向留学生的汉语教学工作超过20年，且有丰硕的科研成果。相信本套系列教材的出版将为正在世界范围内开展的汉语教学提供更大的方便，进一步推动该领域的学科建设向纵深发展，为汉语教材的百花园增添一束具有鲜明特色的花朵。

衷心感谢北京大学出版社的领导和汉语室的各位编辑，是他们的鼓励和支持，促进了本套教材顺利立项（2016年北京大学教材立项）和编写实施；是他们的辛勤耕作，保证了本套教材的设计时尚、大气、色彩及排版与时俱进，别具风格。

李晓琪
于北京大学蓝旗营

使用说明

本教材将听力教学和口语教学相结合，重在听说能力的训练和培养，既可以作为《博雅汉语·高级飞翔篇Ⅰ》的配套教材，也可以独立使用，适用于中等水平以上的汉语学习者。学习者通过本册教材的学习，应该能够恰当地运用丰富的词语和结构，自由准确地表达并与交谈者交换想法和意见。

一、编写理念

本教材秉承《博雅汉语·高级飞翔篇Ⅰ》的编写理念，"体现人文精神、突出人类共同文化，基本以内容丰富深刻、语言典范优美的原文作为课文，并注重所选语料体裁的多样性。在课文的编配上既依据了先易后难、循序渐进的原则，同时也注重各种内容、各种题材文章的穿插安排，力求使学习者有丰富多彩的感觉，避免单一和乏味"。

每课的教学内容多以听力、口语练习形式呈现，重点学习和训练表达任务与语言结构的联系与运用。练习除了遵循从机械性练习向交际练习过渡的基本原则外，还设置了较多的任务型练习，充分展示"做中学""练中学"的教学理念，使学习者在已有知识的基础上得到更深更广的收获。

尽量减少教师的讲解，学习者通过环环相扣的练习，使得在课堂上获得的词语、句子、语段和语篇等不同层面的知识充分地输入内化后，产生大量又准确的输出。

二、选文及话题

本教材在选文和话题上与《博雅汉语·高级飞翔篇Ⅰ》形成互补循环。全书共8课，每课话题都与《博雅汉语·高级飞翔篇Ⅰ》基本吻合，依次为亲情、电子科技、优良品质、科普知识、竞争与合作、喜爱对工作的重要性、人生抉择、社会问题。选文来源广泛，有大家之笔，有新秀佳作，有历史资料编译，有视频转写的文本，有国际学者的经典论著，有新闻报道。选文结构和文体多样、语域宽泛、贴近生活，有助于学习者多方面地培养听力理解和口语表达能力。

三、教材体例

每课大体分为四个部分（第 8 课分为三个部分）。

每课第一至第三部分（第 8 课为第一、二部分）包括生词、听力练习、口语练习。听力练习一方面培养从词语、语句、语段到语篇的听力理解能力，一方面又可作为口语输出的材料基础，辅助口语表达练习。口语练习从语句、语段到语篇循序渐进，在难度及输出量上逐步加强，至第三题时对本部分课文进行总结，第四题是扩展练习，既是一个拔高练习，又是对本课第四部分（综合表达练习）的准备。

每课的最后一部分都设置为综合表达练习（前 7 课为第四部分，第 8 课为第三部分），这部分的练习逐步脱离本课所学内容，目的是让学习者在习得了本课的语言内容、语篇文体及结构的基础上，自由发挥、尽力拓展，更大程度地提高与本课相关话题的听力理解及自由、得体的口语表达能力。

四、教材的使用

根据学生水平，编写者建议每课用 8—12 课时完成。

每课对如何进行教学安排、如何进行操练都有较为具体的说明。比如，第一至第三部分（第 8 课为第一、二部分）的听力练习写明了听几遍录音和如何完成练习，口语练习限制了使用的词语，综合表达练习对分组人数等进行了说明。

初次使用本教材的教师及自学者可以参考使用，经验丰富的教师可以自己的方法更有创意地使用本教材。

另外，词语表中带★的词汇为《博雅汉语·高级飞翔篇Ⅰ》中也出现的生词。

特别说明

本教材从开始选文到顺利面世，得到了多位教师的大力支持，在此致以诚挚的谢意！

由于客观条件的限制，部分作者没能联系上，在此表示深深的歉意，请有关作者看到本教材后随时联系。

编者

目录

第1课　妈妈的心 ··· 1

第2课　手机 ··· 19

第3课　守时如玉 ··· 40

第4课　地下宫殿十三陵 ·· 61

第5课　合作优于竞争 ··· 80

第6课　爱一行，干一行 ·· 100

第7课　人可以最大限度地逼近真实 ·· 120

第8课　这种养老方式很潮 ·· 141

词语总表 ·· 154

第1课　妈妈的心

听力录音

热身问题

1. 你常常请谁帮忙？为什么？
2. 你帮过父母的忙吗？结果怎样？
3. 你的父母爱你吗？什么事可以证明？

第一部分（第一至六段）

 词语

1-1

1	异国	yìguó	名	别的国家。
2	风情	fēngqíng	名	指一个地方的风土人情。
3	项圈	xiàngquān	名	（~儿）戴在脖子上的环形装饰品。
4	舍得	shěde	动	愿意付出，不吝惜。
5	同行	tóngxíng	动	一起走。
6	慷慨	kāngkǎi	形	大方，不吝惜（尤指对钱财）。
7	赴	fù	动	到（某处）去。
8	正好	zhènghǎo	副	刚好，刚巧。
9	细细	xìxì	形	详细，仔细。

10	式样	shìyàng	名	物品的样子。
11	大概	dàgài	副	大致，表示不很准确的估计。
12	启程	qǐchéng	动	出发，上路（多用于较正式的场合）。
13	托付	tuōfù	动	交给别人照顾或办理。
14	修正	xiūzhèng	动	修改使正确。
15	言下	yán xià		说话的时候。
16	接着	jiēzhe	连	连着、紧跟着（前面的话或动作）。

注　释

西雅图：美国华盛顿州最大的城市，是一座以高新技术、航天、医疗等为主要产业的现代化城市。

清　迈：泰国的第二大城市，是清迈府的首府，也是泰国北部政治、经济、文化的中心，其发达程度仅次于首都曼谷。

台　北：中国台湾地区的第二大城市，仅次于新北市，是台湾重要的政治、经济、文化、旅游中心。

听力练习

1-2

一　听第一遍录音，判断正误

1. "我"和父母在不同的城市。　　　　　　　　　　　　　（　　）
2. 父母住在泰国。　　　　　　　　　　　　　　　　　　（　　）
3. "我"们全家都喜欢泰国。　　　　　　　　　　　　　　（　　）
4. 和"我"一同旅行的人很慷慨。　　　　　　　　　　　　（　　）
5. "我"请妈妈帮忙买一副项圈。　　　　　　　　　　　　（　　）
6. 母亲很想办好这件事。　　　　　　　　　　　　　　　（　　）
7. 母亲买的项圈物美价廉。　　　　　　　　　　　　　　（　　）

第1课　妈妈的心

二　听第二遍录音，选择正确答案

1. "我"现在是什么情况？_____
   A. 在上学　　　　　　　　B. 在旅行

2. 父母以前去过泰国吗？_____
   A. 去过　　　　　　　　　B. 没去过

3. 为什么"我"的家人都去过泰国？_____
   A. 总有机会去旅行　　　　B. 那里异国风情很美

4. "我"为什么不在台北买项圈？_____
   A. 式样太少　　　　　　　B. 价格太贵

5. 项圈是哪里出产的？_____
   A. 台北　　　　　　　　　B. 清迈

6. 母亲怎么知道的"我"想要什么样的项圈？_____
   A. 听"我"解释　　　　　B. 看照片

7. 第一次沟通后，母亲_____知道了"我"要的式样。
   A. 清楚　　　　　　　　　B. 大概

8. 母亲启程前又给"我"打电话是为了_____项圈式样。
   A. 形容　　　　　　　　　B. 确定

9. 母亲买了项圈后很得意，为什么？_____
   A. 买了很多　　　　　　　B. 买得便宜

三　根据录音中的解释，把号码填在相应的词语后面

1. 风情_____　　2. 舍得_____　　3. 同行_____

4. 慷慨_____　　5. 正好_____　　6. 细细_____

7. 大概_____　　8. 托付_____

四 根据录音回答问题

1. 母女打了几次电话?
   _____
   _____

2. 母女为什么打电话?都说了什么?
   _____
   _____

口语练习

一 用所给词语完成句子

1. 正好

例 听说妈妈要去清迈,那儿正好是这种项圈出产的地方,我当然急着请求她一定要为我买回来,而且要多买几副好放着送人。

（1）我放在柜子里的钱不翼而飞了,当时_____。

（2）有一家公司在招聘翻译人员,_____。

2. 细细

例 长途电话中,做女儿的细细解释项圈的式样,做母亲的努力想象,讲了好久好久,妈妈说她大概懂了。

（1）他把今天所发生的事情_____,久不成眠。

（2）艺术要表现的东西常常不是用语言能传达的,_____。

3. 大概

例 长途电话中,做女儿的细细解释项圈的式样,做母亲的努力想象,讲了好久好久,妈妈说她大概懂了。

（1）事情办起来特别顺利,_____。

（2）门口的拖鞋和昨晚一样,_____。

第 1 课　妈妈的心

4. 接着

例　言下十分得意，接着她又形容了一遍，果然是我要的那种。

（1）休息结束了，刚才没讨论完的问题＿＿＿＿＿＿＿＿＿＿＿＿＿＿＿＿。

（2）表彰大会上，领导停顿了一下，＿＿＿＿＿＿＿＿＿＿＿＿＿＿＿＿。

二 结合听力练习二回答问题，每题至少使用下面3个词语

听说	旅行	赶快	其实	风情	有机会	舍得
倒是	慷慨	正好	当然	请求	细细	想象
大概	启程	形容	修正	得意	果然	

1. "我"在什么情况下给父母打的电话？
＿＿＿＿＿＿＿＿＿＿＿＿＿＿＿＿＿＿＿＿＿＿＿＿＿＿＿＿＿＿＿＿

2. 父母要去哪儿？他们以前去过那儿吗？
＿＿＿＿＿＿＿＿＿＿＿＿＿＿＿＿＿＿＿＿＿＿＿＿＿＿＿＿＿＿＿＿

3. 文中提到了一种项圈，说说关于它的情况。
＿＿＿＿＿＿＿＿＿＿＿＿＿＿＿＿＿＿＿＿＿＿＿＿＿＿＿＿＿＿＿＿

4. "我"为什么急着给妈妈打电话？
＿＿＿＿＿＿＿＿＿＿＿＿＿＿＿＿＿＿＿＿＿＿＿＿＿＿＿＿＿＿＿＿

5. 为了买项圈，"我"和妈妈做了哪些沟通？
＿＿＿＿＿＿＿＿＿＿＿＿＿＿＿＿＿＿＿＿＿＿＿＿＿＿＿＿＿＿＿＿

6. 妈妈完成女儿的托付了吗？
＿＿＿＿＿＿＿＿＿＿＿＿＿＿＿＿＿＿＿＿＿＿＿＿＿＿＿＿＿＿＿＿

7. 你觉得作者喜欢那种项圈吗？为什么？
＿＿＿＿＿＿＿＿＿＿＿＿＿＿＿＿＿＿＿＿＿＿＿＿＿＿＿＿＿＿＿＿

8. 你觉得妈妈用心地帮女儿的忙了吗？为什么？
＿＿＿＿＿＿＿＿＿＿＿＿＿＿＿＿＿＿＿＿＿＿＿＿＿＿＿＿＿＿＿＿

三 用所给词语或句式表达

1. 一+形容词/心理动词，赶快（就/马上/立刻/立即）……

解释 因为某一原因，（马上）做某事。

例 去年春天，我在美国西雅图附近上学，听说住在台湾的父母去泰国旅行，这**一**急，**赶快**拨了长途电话。

（1）老板谈成一笔生意，因为高兴请员工吃大餐。

_____

_____

（2）别人借走了你的书，但因为时间太长了，你忘了是谁了。

_____

_____

_____

2. 倒是（但是）……

解释 做一件事结果不理想，但在某一情况下，意外地有了别的收获。

例 我看了几次都没舍得买，**倒是**在台湾南部旅行时，同行的好友齐豫很慷慨地借给我戴了好几次。

（1）麦克来中国做贸易，结果发展得不好，但是他的汉语水平得到了很大的提高，还了解了很多中国文化。

_____

_____

（2）小李买了房子想结婚，最后没结成，但房子涨价了，无意中挣了一大笔钱。

_____

_____

3. 电话中，……。之前，又打了电话来，……。等到……时，……又打电话去问……

解释 为沟通一件事，双方多次通话。

例 长途**电话中**，做女儿的细细解释项圈的式样，做母亲的努力想象，讲了好久好久，妈妈说她大概懂了。启程**之前**，母亲为了这个托付，**又打了**长途

第 1 课　妈妈的心

电话来，这一回由她形容，我修正，一个电话又讲了好久好久。等到父母由泰国回来时，我又打电话去问买了没有，妈妈说买了三副，很好看又便宜，是台北价格的十八分之一。

（1）你给妈妈打电话，说想吃什么菜。妈妈出门买菜之前，又和你确认了一下。后来你又打电话问妈妈结果。

_____

_____

（2）老板打电话交给你一个任务，你又打电话确认细节，后来老板又打电话补充信息或者询问结果。

_____

_____

_____

四　总结

结合上面第二、三题，简述女儿让母亲帮什么忙、原因及结果。

五　扩展

你请父母或朋友帮过忙吗？他们用心帮你了吗？过程是怎样的？结果如何？

第二部分（第七至十二段）

词语

1-4	17	保证	bǎozhèng	动	确定做到（某事）。
	18	密藏	mìcáng	动	秘密收藏，不让别人知道。
	19	早早	zǎozǎo	副	（~儿，读zǎozāor）很早。
	20	好似	hǎosì	副	好像。

21	反正	fǎnzhèng	副	表示十分肯定的语气。
22	体谅	tǐliàng	动	设身处地为人着想，给以谅解。
23	记性	jìxing	名	记忆力。
24	要紧	yàojǐn	形	觉得某事很严重或很重要。
25	成就感	chéngjiùgǎn	名	成功做成一件事或取得好成绩时，感到愉快和自豪的一种心理感受。
26	彼此	bǐcǐ	代	双方。
27	清晨	qīngchén	名	日出前后的一段时间。
28	喜出望外	xǐchūwàngwài		由于遇到没想到的喜事而特别高兴。
29	惊醒	jīngxǐng	动	因受惊动而醒来（多指从睡眠状态中）。
30	小心	xiǎoxīn	形	说话或做事很注意。
31	讨	tǎo	动	把自己的东西要回来。
32	自言自语	zìyán-zìyǔ		自己跟自己说话。
33	喜剧	xǐjù	名	戏剧的主要类别之一，多用夸张的手法、幽默的台词、巧妙的设计引人发笑。
34	本来	běnlái	形	原来。
35	椅垫套	yǐdiàntào	名	包在椅子坐垫外面的套子。
36	叮叮响	dīngdīng xiǎng		形容金属、瓷器、玉饰等撞击的声音。

听力练习

一 听第一遍录音，填空

1-5

听见我_____东西，母亲轻叫一声，很紧张地往她卧室走，口中_____："完了！完了！又忘了这一回藏在什么地方了。"父亲看着这

第1课　妈妈的心

一场家庭_____，笑着说："_____是很便宜就买来的东西，被你们两个长途电话打来打去，价格都_____起来了，现在算算，这些电话费在台北可以买上_____个了。"说着时，妈妈抱着一个椅垫套出来，笑得像小孩子一样，掏出来_____碰得叮叮响的东西。

二　听第二遍录音，判断正误

1-5

1. 家中有女人要抢"我"的项圈。　　　　　　　　　　　　(　　)
2. 母亲把项圈密藏了起来。　　　　　　　　　　　　　　(　　)
3. 母亲节那天，妈妈找不到项圈了。　　　　　　　　　　(　　)
4. 没过多久，母亲又把项圈找到了。　　　　　　　　　　(　　)
5. "我"在母亲节那个月回了家。　　　　　　　　　　　(　　)
6. "我"一到家就向母亲要项圈。　　　　　　　　　　　(　　)
7. "我"又在台北买了十个项圈。　　　　　　　　　　　(　　)
8. 母亲给"我"项圈时非常开心。　　　　　　　　　　　(　　)

三　听第三遍录音，补充内容

1-5

1. 没过几天，"我"又给母亲打电话，让她_____把项圈藏起来，_____被别的女人抢走。

2. 担心母亲节前卡片到不了，我_____就寄了出去。

3. 妈妈打来电话时，她的声音_____做错了事一样。

4. 母亲把项圈藏丢了，_____是找不到了。

5. "我"太着急了，所以没有_____母亲，催母亲快想想项圈藏哪儿了。

6. 为了项圈的事，那几天_____又打了好几回电话。

7. 项圈_____买得很便宜，但为了它花了很多电话费。

口语练习

一 用所给词语完成句子

1. 早早

例 过了一阵，母亲节快到了，我**早早**寄了一张卡片送给伟大的母亲，又等待在当天，打电话去祝福、感谢我的好妈妈。

（1）昨天他迟到被批评了，所以今天_____。

（2）既然大家都没有意见，_____。

2. 反正

例 项圈被妈妈藏得太好了，现在怎么找都找不到，人老了，容易忘记，**反正**无论如何是找不到了——

（1）你不要再劝我了，_____。

（2）这个会议董事长参不参加都行，_____。

3. 要紧

例 你是个最伟大的妈妈，记性差些也不**要紧**，可是如果你找得出那些项圈来，一定更有成就感，快快去想呀——

（1）如果_____，可以陪我去检查身体吗？

（2）做错了事_____。

4. 彼此

例 那几天，为了这三副项圈，**彼此**又打了好几回电话。

（1）即使共同生活了十几年，也可能_____。

（2）不同国家、不同文化背景的人交往时，_____。

5. 本来

例 **本来**是很便宜就买来的东西，被你们两个长途电话打来打去，价格都涨起来了。

（1）_____，不料一早下起雨来。

（2）他学习_____，由于迷上网络游戏，现在退步了。

第 1 课　妈妈的心

二　根据录音，结合本部分听力练习二、三说一说

1. 妈妈买好项圈后，"我"为什么又给妈妈打电话？然后妈妈做了什么？

   放心　一听……，立即……　密藏　等……再……

   _____
   _____

2. 母亲节前几天发生了什么事？

   早早　正……着呢　好似……一样　怎么找也找不到　反正　无论如何

   _____
   _____

3. 找不到项圈后"我"的反应是什么？

   一……，就……　体谅　要紧　如果……，一定……

   _____
   _____

4. 后来项圈找到没有？

   为了　彼此　直到　喜出望外　惊醒　小心

   _____
   _____

5. "我"到家后的情形是怎样的？

   一……，立刻……　讨　轻叫　自言自语　喜剧　本来　打来打去　涨　抱　掏

   _____
   _____

三 根据场景，用所给词语或句式仿造句子，然后再自选一个话题用所给词语或句式表达

1. 以免

例 这三副项圈最好藏起来，以免被家中其他的女人看到抢走了。

场景：为了避免遗忘，重要的事情最好做记录。

仿造：_____

自选：_____

2. 好似……一样

例 那边的声音好似做错了事情一样。

场景：朋友吵架后，见面不说话，和陌生人差不多。

仿造：_____

自选：_____

3. 怎么……都……　无论如何

例 项圈被妈妈藏得太好了，现在怎么找都找不到，人老了，容易忘记，反正无论如何是找不到了——

场景：朋友要辞职，你劝他不要辞职，但他就是不听。

仿造：_____

自选：_____

4. 如果……，一定……

例 你是个最伟大的妈妈，记性差些也不要紧，可是如果你找得出那些项圈来，一定更有成就感，快快去想呀——

场景：说说你喜欢的一件商品。

仿造：_____

第 1 课　妈妈的心

自选：＿＿＿＿＿＿＿＿＿＿＿＿＿＿＿＿＿＿＿
＿＿＿＿＿＿＿＿＿＿＿＿＿＿＿＿＿＿＿＿＿＿＿

四　总结

结合上面第二、三题，简述项圈密藏、藏丢、找到的曲折经过。

五　扩展

你有没有珍藏过一个东西，却再也找不到的经历？情况是怎样的？

第三部分（第十三至十六段）

词语

1-6

37	另外	lìngwài	代	所说范围之外的人或事物。
38	恰好	qiàhǎo	副	刚好。
39	再三	zàisān	副	一次又一次。
40	商讨	shāngtǎo	动	商量讨论。
41	担任	dānrèn	动	担当某种职务或工作。
42	主编	zhǔbiān	名	编辑工作的主要负责人。
43	亲吻	qīnwěn	动	用嘴唇接触（人或物），表示亲热、喜爱。
44	外套	wàitào	名	（~儿）罩在外面的短上衣。
45	铸	zhù	动	把金属加热熔化做成器物。
46	属于	shǔyú	动	归于某一方面，或为某方所有。

注 释

以色列：西亚国家，地处地中海的东南方向，是世界上唯一以犹太人为主体民族的国家。首都耶路撒冷，全国人口超900万，典型地中海气候，夏季炎热干燥，冬季温和多雨。

听力练习

  根据录音，选择正确答案

1. "我"的朋友阿雅拉在_____。

   A. 美国　　　　　B. 以色列

2. 有_____项圈拍了照。

   A. 一副　　　B. 两副

3. 歌舞剧《棋王》的剧本经过_____商讨。

   A. 再三　　　B. 三次

4. "我"有一个朋友_____《棋王》的主编。

   A. 认识　　　B. 担任

5. "我"递给主编_____。

   A. 一封信　　　B. 一个信封

  根据录音，判断正误

1. "我"拿到项圈后，立即送出去了一副。　　　　　　　　　　（　　）
2. 《棋王》的剧本还没有确定。　　　　　　　　　　　　　　（　　）
3. "我"让主编朋友从两条项圈中挑一个。　　　　　　　　　　（　　）
4. 母亲为"我"在项圈下面铸了一个心形。　　　　　　　　　　（　　）
5. 铸有心形的项圈"我"舍不得送给别人。　　　　　　　　　　（　　）

第 1 课　妈妈的心

三　根据录音，搭配词语

1-7

1. 再三 _____　　　　2. 担任 _____

3. 属于 _____　　　　4. 铸成 _____

5. 商讨 _____

口语练习

 用所给词语完成句子

1. 另外

例　我立即把其中的一副寄去了美国，给了我的一个以色列朋友阿雅拉，另外两副恰好存下来，并拍了照片。

（1）有人说，爱情是一回事，_____。

（2）我相信这件事他说的是实话，但_____。

2. 恰好

例　我立即把其中的一副寄去了美国，给了我的一个以色列朋友阿雅拉，另外两副恰好存下来，并拍了照片。

（1）这个学院需要一位有经验的数学老师，而我_____

_____，于是我就成了这里的数学老师。

（2）这篇文章的论点_____。

3. 再三

例　上两个月吧，新象艺术中心又叫人去开会，再三商讨歌舞剧《棋王》的剧本。

（1）我_____，他才答应马上启程。

（2）虽然老郑_____，但我还是觉得他能胜任这份工作。

二 根据提示进行语段练习

1. 拿到项圈后我立即做了什么事?

   其中的……,另外…… 恰好 拍

   _____
   _____

2. 第二副项圈我送给了谁?

   再三 商讨 穿 挂 当……时 担任 果然 亲吻 外套

   _____
   _____

3. 三副项圈最后的结局。

   其中 寄去 担任 铸成 心形 只能 属于

   _____
   _____

三 总结

结合上面第二题,具体说说三个项圈的归属。

第四部分　综合表达练习

一　生活中,除了父母,其他亲人、朋友、同事、同学等也都给过我们爱和帮助,从中选出两件让你感动或记忆深刻的事,各写出8个相关描述的词语

　　(1) _____

　　(2) _____

第 1 课　　妈妈的心

二　对照课文，对上题选出的两件事进行补充，完成下表

	课文	（1）	（2）
人物关系	母亲和女儿		
帮的什么忙、原因	女儿特别喜欢一个项圈，母亲恰好去项圈的产地，女儿让母亲帮忙买回来		
发展或波折	买回项圈后，不能马上交给在外地的女儿，妈妈用心密藏，藏丢好几次，最后总算送到了女儿手中		
结局	女儿把其中两个项圈送给了好朋友，自己留下带心形的，因为那是妈妈的心，只能属于孩子		
你的想法			

三　3人一组，每人选择上题表格中的（1）或（2）进行口头练习

1. 再听一遍第一部分，仿照本部分课文详细说一说你需要帮什么忙及其原因。

请参考使用下面的结构：
- 一+形容词/心理动词，赶快（就/马上/立刻/立即）……

17

- 电话中，……。……之前，……又打了电话来，……。等到……时，又打电话去问……
- 倒是（但是）……

2. 再听一遍第二部分，仿照本部分课文说一说事情的发展或波折。

请参考使用下面的结构：
- 最好……，以免……
- 好似……一样
- 怎么……，无论如何……
- 如果……，一定……

3. 再听一遍第三部分，仿照本部分课文说一说事情最后的结局。

请参考使用下面的结构：
- 其中的……，另外……
- 当……时
- 只能……

4. 每组选出1人，把以上1—3题介绍过的内容综合起来，向本组或全体同学进行整体讲述，并说说自己的看法。（限时5分钟，建议各组选择不同类型的事情）

四 请2—4位同学分别说说帮过别人的一个忙，限时5分钟

内容要求：1. 帮的什么忙、原因。
　　　　　2. 事情的发展或波折。
　　　　　3. 事情的结局。
　　　　　4. 你的看法。
表达要求：尽量使用本课的词语和相关结构。
参考题目：自拟。

第2课　手机

听力录音

热身问题

1. 你经常用手机做什么？如果一个月不用手机，你会怎么样？
2. 你觉得手机会影响人际关系吗？
3. 手机有什么利弊？如何克服它带来的问题？

第一部分（第一至三段）

词语

2-1

1	无疑	wúyí	动	没有疑问。
2	绝好	juéhǎo	形	特别好，超出一般。
3	无数	wúshù	形	难以计数，形容数量极多。
4	便利	biànlì	形	使用起来很方便，不感到困难。
5	意想不到	yìxiǎngbúdào		没想到，想象不到。
6	不谋而合	bùmóu'érhé		事先没有商量，而见解或行动却完全一致。
7	广泛	guǎngfàn	形	涉及的方面广，范围大。
8	高龄	gāolíng	名	敬辞，称老人的年龄（多指七八十岁以上）。
9	幼童	yòutóng	名	小孩子。

19

10	投资	tóu zī		为达到一定目的而投入钱财。
11	理财	lǐ cái		对财务（财产和债务）进行管理。
12	意味	yìwèi	名	意义和趣味。
13	随着	suízhe	介	跟着，多用在句首或动词前面，表示动作行为或事情发生所依赖的条件。
14	如今	rújīn	名	现在。
15	联络	liánluò	动	互相之间取得联系。
16	无比★	wúbǐ	动	没有别的能够相比。
17	理论	lǐlùn	名	人们从事实的推测、概括中得出的结论。
18	无限	wúxiàn	形	没有穷尽，没有限量。
19	扩展	kuòzhǎn	动	向外伸展，扩大。
20	恰巧	qiàqiǎo	副	正好，凑巧。
21	适用	shìyòng	形	适合使用。
22	存储	cúnchǔ	动	把钱、物存放起来，把数据、资料记录在电子设备中，以备用。
23	足够	zúgòu	动	达到满足需要的程度，没有欠缺。

注释

杨振宁：中国科学家、物理学家，1956年与李政道合作，提出"弱相互作用中宇称不守恒理论"，共同获1957年诺贝尔物理学奖。2019年被授予求是终身成就奖。

第 2 课　手　机

听力练习

一　听第一遍录音，符合手机情况的画"√"，不符合的画"×"

1. 是一件新科技产品　　（　）
2. 爱迪生喜欢　　（　）
3. 八十岁的老人也使用　　（　）
4. 每人都有一部手机　　（　）
5. 可以购物　　（　）
6. 不能理财　　（　）
7. 手机也可以是词典　　（　）
8. 手机的存储空间不受限制（　）

二　听第二遍录音，选择正确答案

1. 文章开头怎样评价手机？_____
   A. 麻烦的礼物　　　　　　B. 绝好的礼物

2. 手机使用率如何？_____
   A. 除了老人和幼童，都使用　　B. 连老人和幼童都使用

3. 手机普及率如何？_____
   A. 平均人手一机，甚至更多　　B. 每人都至少有一个手机

4. 为什么说"一机在手，万事无忧"？_____
   A. 手机里朋友很多　　　　B. 手机里功能很多

5. 手机的功能理论上还可以增加吗？_____
   A. 可以　　　　　　　　　B. 不可以

三　根据录音中的解释，把号码填在相应的词语后面

1. 绝好_____　　2. 足够_____　　3. 广泛_____
4. 无限_____　　5. 适用_____　　6. 意想不到_____
7. 不谋而合_____

21

四 根据录音回答问题

文章说"一机在手,万事无忧",是因为:

_____

_____

_____

_____

口语练习

一 用所给词语完成句子

1. 无疑

例 手机,无疑是科技送给人们的绝好礼物,它为人们的生活提供了无数的便利。

(1)他有经验,工作能力又强,_____。

(2)整个会场响起热烈的掌声,久久不息,_____。

2. 随着

例 随着科技的发展,如今的手机已经不只是传统意义的联络工具了,它同时还是照相机、录音机、计算器、U盘、钱包、词典……

(1)_____,他越来越喜欢中国。

(2)这个孩子现在就这么出色,我相信_____。

3. 无比

例 手机的功能无比强大,而且理论上还可以无限扩展。

联想 无比强大　无比激动　无比兴奋　无比痛苦　无比坚强　无比重要
　　　无比珍贵　无比精美

(1)他一走进家门,就听到小女儿_____,

(2)科学研究发现,睡眠_____。

第 2 课　手　机

4. 恰巧

例 如果你有某方面的需要，而恰巧也有适用于你手机的软件，只要下载、安装，那么你的手机就多了一个功能。

（1）听说你要去逛街，＿＿＿＿＿＿＿＿＿＿＿＿＿＿＿＿，我们一起去吧。

（2）＿＿＿＿＿＿＿＿＿＿＿＿＿＿＿＿＿＿，所以我可以证明他来过这里。

二 结合听力练习二回答问题，每题至少使用下面3个词语

无疑	绝好	无数	意想不到	不谋而合	选择
广泛	上至……，下至……	人均占有率	除了
甚至	意味	随着	无比	恰巧	足够

1. 手机对我们的生活有什么好处？
   ＿＿＿＿＿＿＿＿＿＿＿＿＿＿＿＿＿＿＿＿＿＿＿＿＿＿＿＿＿＿＿＿＿

2. 杨振宁先生问了什么问题？得到了什么答案？
   ＿＿＿＿＿＿＿＿＿＿＿＿＿＿＿＿＿＿＿＿＿＿＿＿＿＿＿＿＿＿＿＿＿

3. 手机的普及率及使用率如何？
   ＿＿＿＿＿＿＿＿＿＿＿＿＿＿＿＿＿＿＿＿＿＿＿＿＿＿＿＿＿＿＿＿＿

4. 手机有哪些功能？
   ＿＿＿＿＿＿＿＿＿＿＿＿＿＿＿＿＿＿＿＿＿＿＿＿＿＿＿＿＿＿＿＿＿

5. 关于手机的功能，理论和实际两方面的情况如何？
   ＿＿＿＿＿＿＿＿＿＿＿＿＿＿＿＿＿＿＿＿＿＿＿＿＿＿＿＿＿＿＿＿＿

三 用所给词语或句式表达

1. 上至……，下至……

解释 某一事物涵盖的范围。

例 上至七八十岁高龄的老人，下至三四岁的幼童，每天都会无数次地使用手机。

（1）公司的老板、经理、普通员工都来参加晚会。
   ＿＿＿＿＿＿＿＿＿＿＿＿＿＿＿＿＿＿＿＿＿＿＿＿＿＿＿＿＿＿＿＿＿
   ＿＿＿＿＿＿＿＿＿＿＿＿＿＿＿＿＿＿＿＿＿＿＿＿＿＿＿＿＿＿＿＿＿

（2）一个家庭的所有人都喜欢某项运动或某个电视节目。

2. ……人均占有率(……)达到……（，甚至……）

   [解释] 某一事物的普及率。

   [例] 现在手机的人均占有率已经达到了人手一机，甚至更多。

   （1）某个国家或地区汽车的普及率。

   （2）某个范围内英语的使用情况。

3. 除了……，还（可以）……，甚至……

   [解释] 某一事物的多个功能、用途、意义、影响等。

   [例] 手机除了联系沟通，还可以工作、学习、购物、交友，甚至投资理财、处理交通事故等，还真有点儿"一机在手，万事无忧"的意味。

   （1）坚持写日记的多个好处。

   （2）学生打工挣钱的多个意义。

4. "如果……，而恰巧……，只要……，就……"

   [解释] 具备两个合适的条件后，再做一件事或者满足一个条件就可以达到满意的结果。

   [例] 如果你有某方面的需要，而恰巧也有适用于你手机的软件，只要下载、安装，那么你的手机就多了一个功能。

第2课　手　机

（1）你喜欢一个人，对方也喜欢你，怎样做两个人可以在一起。
_____
_____

（2）你想卖一幅画，有很多人想买这幅画，怎么做可以卖个高价。
_____
_____

四　总结

结合上面第二、三题，简述人们对手机的评价以及手机的使用率、普及率、功能等。

五　扩展

1. 手机给你带来了什么便利？
2. 你觉得爱迪生会喜欢手机吗？为什么？
3. 手机的功能越来越多是好事吗？为什么？

第二部分（第四至六段）

词语

2-4

24	扯	chě	动	拉。
25	随时随地	suíshí-suídì		任何时间、地点；时时处处。
26	支出	zhīchū	名	花费的钱款。
27	凑不齐	còubuqí		不能拼凑齐全。
28	装备	zhuāngbèi	名	配备的武器、军装等，引申到动漫、网游中，指动漫、游戏中的人物的衣服、饰物、武器等。

25

29	精英	jīngyīng	名	出类拔萃的人,高端人才。
30	苦于	kǔyú	动	对于某种情况感到苦恼。
31	根据	gēnjù	介	以某种事物为依据。
32	蛛丝马迹	zhūsī-mǎjì		比喻事情所留下的细小的不明显的线索。
33	随手	suíshǒu	副	顺手,顺便。
34	故人	gùrén	名	老朋友。
35	投缘	tóuyuán	形	情意相合,有相近的性格、爱好等。
36	相识恨晚	xiāngshí-hènwǎn		为认识得太晚而感到遗憾。
37	互动	hùdòng	动	互相作用,互相影响。
38	恨不得	hènbude	动	急切希望(实现某事),表示一种强烈愿望。
39	唯恐	wéikǒng	动	唯独害怕,只怕。
40	错过	cuòguò	动	失去(时机、对象)。
41	眼下	yǎnxià	名	目前。
42	日益	rìyì	副	一天比一天更加。
43	趋势	qūshì	名	发展的动向。
44	调侃	tiáokǎn	动	戏弄,开玩笑。
45	间隙	jiànxì	名	空隙,两个事物之间的空间或时间的距离。

听力练习

一　听第一遍录音,填空

2-5

　　IT精英王晨,已经28岁了,＿＿＿＿＿苦于工作繁忙,没有时间出去吃饭、约会,＿＿＿＿＿一直也没有女朋友。＿＿＿＿＿最近,王晨的同

第2课　手　机

事们发现他有些异常，_____观察到的蛛丝马迹，他们确定——王晨恋爱了！_____，几周前值班时，王晨收到一个陌生女孩儿的短信："最近你过得好吗？"王晨_____诧异，随手回道："我很好，你呢？"_____，他们开始聊天儿。_____后来发现对方不是故人，_____二人很是投缘，颇有相识恨晚的感觉。互动几周后，二人确定了恋爱关系。

二　听第二遍录音，判断正误

2-5

1. 十几年前，网购不如现在方便。　　　　　　　　　　　　　（　　）
2. 乐乐高中时不网购。　　　　　　　　　　　　　　　　　　（　　）
3. 乐乐选择网购，是因为商店里凑不齐装备。　　　　　　　　（　　）
3. 手机为乐乐网购提供了便利。　　　　　　　　　　　　　　（　　）
4. 王晨没有女朋友，所以不出去约会。　　　　　　　　　　　（　　）
5. 王晨的女朋友是朋友介绍的。　　　　　　　　　　　　　　（　　）
6. 王晨每天用手机和女朋友谈恋爱。　　　　　　　　　　　　（　　）

三　听第三遍录音，补充内容

2-5

1. 有了手机后，网购、网恋可以_____进行。

2. 乐乐经常网购是得益于手机_____方便、_____上网的特点。

3. 王晨_____工作繁忙，一直单身。

4. 王晨和陌生女孩儿聊天儿时，有一种_____的感觉。

5. 王晨用手机和女孩_____了几周后，确定了恋爱关系。

6. 王晨_____错过女朋友发来的信息，所以_____吃饭、上厕所都抱着手机。

7. 王晨和女朋友的交往_____亲密，即将_____。

8. 王晨利用工作_____，用手机和女朋友培养感情。

口语练习

一 用所给词语完成句子

1. 苦于

例 IT精英王晨,已经28岁了,却苦于工作繁忙,没有时间出去吃饭、约会,所以一直也没有女朋友。

(1)小刘虚荣心很强,特别爱奢侈品,却_____,只能买些低廉的假货。

(2)经过多年的学习,他在专业方面打下了坚实的理论基础,但_____。

2. 根据

例 可是最近,王晨的同事们发现他有些异常,根据观察到的蛛丝马迹,他们确定——王晨恋爱了!

(1)购物时,不能盲目地看见什么就买什么,_____。

(2)男孩儿女孩儿的生理特点不同,_____。

3. 随手

例 他好不诧异,随手回道:"我很好,你呢?"于是,他们开始聊天儿。

(1)你下楼时_____,免得我再单独跑一趟。

(2)他的枕边备有笔和本子,_____。

4. 恨不得

例 现在,每天王晨恨不得吃饭、上厕所都抱着手机,唯恐错过女友发来的信息。

(1)他很想念他的妈妈,_____。

(2)看了这部小说,_____。

第 2 课　手　机

5. 唯恐

例 现在，每天王晨恨不得吃饭、上厕所都抱着手机，唯恐错过女友发来的信息。

（1）接待顾客时，服务员小心翼翼，_____。

（2）_____，因为这是他最后的机会。

6. 日益

例 眼下，两人的交往正日益亲密，大有要谈婚论嫁的趋势。

（1）随着世界人口的不断增长，_____。

（2）_____，所以堵车现象越来越严重。

二 根据录音，结合本部分听力练习二、三说一说

1. 手机给人们生活提供的便利。

    网络　抱　扯　只要……，哪怕……，也……　随时随地

    _____
    _____

2. 手机给乐乐购物带来的便利。

    支出　加上　往往　凑不齐　装备　携带　充分　短短

    _____
    _____

3. 王晨的苦恼和变化。

    苦于　一直　异常　根据　蛛丝马迹　确定

    _____
    _____

4. 王晨找到女朋友的经过。

原来　陌生　好不　随手　投缘　相识恨晚　互动

_____

_____

5. 王晨的恋爱现状。

恨不得　错过　眼下　大有……的趋势

_____

_____

6. 朋友对王晨的调侃。

感谢　繁忙　间隙　培养　甜蜜

_____

_____

三　根据场景，用所给词语或句式仿造句子，然后再自选一个话题用所给词语或句式表达

1. ……年前……，而现在……

例　十几年前，网上购物、网上交友、网上理财等网络活动还都需要我们坐在桌前，抱着电脑，扯着长长的网线进行。而现在，只要你有一部手机，哪怕它价值只有几百元，也可以让你在床上、路上、餐厅或野外，随时随地购物、交流和理财。

场景：一个国家现在和二十年前的不同。

仿造：_____

_____

自选：_____

_____

第 2 课　手　机

2. 只要……，哪怕……，也……

例　只要你有一部手机，哪怕它价值只有几百元，也可以让你在床上、路上、餐厅或野外，随时随地购物、交流和理财。

场景：学习就有收获，每天只学习一小时也有收获。

仿造：_____

_____

自选：_____

_____

3. 从……便开始……

例　乐乐从高中便开始在网上购物了。

场景：你开始学习汉语的时间。

仿造：_____

_____

自选：_____

_____

4. 大有……的趋势

例　眼下，两人的交往正日益亲密，大有要谈婚论嫁的趋势。

场景：他非她不娶的意思很明显。

仿造：_____

_____

自选：_____

_____

四　总结

结合上面第二、三题，简述现在手机带来的便利和好处。

五　扩展

你的手机给你带来了什么便利？还有什么高科技产品给你带来了便利？它们的出现是否也带有弊端？

第三部分（第七至九段）

词语

2-6

46	高度	gāodù	形	程度很高的。
47	源于	yuányú	介	来源于。
48	快捷	kuàijié	形	快速敏捷。
49	齐全	qíquán	形	什么都不缺，应有尽有（多指物品）。
50	高效	gāoxiào	形	效率高的。
51	依赖	yīlài	动	依靠其他人或事物而不能独立。
52	导致★	dǎozhì	动	使产生，引起。
53	脊柱	jǐzhù	名	人和脊椎动物背部的主要支架。
54	障碍★	zhàng'ài	名	阻挡前进的东西。
55	至此	zhìcǐ	动	到这里。
56	自然而然	zìrán'érrán		自由发展，不经外力作用就这样了。
57	热点	rèdiǎn	名	比较受人们关注的新闻或消息。
58	热议	rèyì	动	许多人关注而议论。
59	共识	gòngshí	名	共同的认识。
60	过度	guòdù	形	超过最高或最低的数量或程度。
61	基于	jīyú	介	以……为基础。
62	纷纷	fēnfēn	形，副	一个接一个，接二连三地。
63	支着儿	zhī zhāor		提出建议或解决问题的方法（原多用于看人下棋时，从旁出主意）。
64	无时无刻	wúshí-wúkè		没有时刻。多用在"不"前，合起来表示"时时刻刻都……"。

第 2 课　手　机

听力练习

一　根据录音，选择正确答案

1. 手机给人们带来高效和便利，同时也带来了_____。
   A. 幸福　　　　　B. 疾病

2. 长期使用手机可能导致_____问题。
   A. 心理　　　　　B. 心脏

3. "如果过度使用手机，就不给自己买喜欢的东西"，属于_____。
   A. "惩罚说"　　　B. "监督说"

4. 作者认为人们提出的方法_____。
   A. 很实用　　　　B. 不实用

二　根据录音，判断正误

1. 人们太喜欢、太依赖手机，导致出现了手机病。　　　　　　（　　）
2. 人们已经开始关注手机病。　　　　　　　　　　　　　　　（　　）
3. 有人认为不给手机充电可以减少手机使用。　　　　　　　　（　　）
4. 有人认为定时关闭网络可以控制使用手机。　　　　　　　　（　　）
5. 有人认为自我惩罚是克服手机病的好方法。　　　　　　　　（　　）
6. 作者赞成人们支的着儿。　　　　　　　　　　　　　　　　（　　）

三　根据录音，搭配词语

1. 广泛 _____　　　2. 高度 _____

3. 纷纷 _____　　　4. 导致 _____

5. 控制 _____　　　6. 关闭 _____

7. 达成 _____

口语练习

一 用所给词语完成句子

1. 高度

例 手机的广泛使用和**高度**普及当然是源于其方便快捷、功能齐全的特点，但手机带来高效、便利的同时，也带来了一些问题。

联想 高度关注　高度集中　高度发展　高度重视　高度统一　高度赞扬　高度评价　高度紧张

（1）努力半年后，他的业绩大大提高了，_____。

（2）社会老龄化问题引起_____。

2. 源于

例 手机的广泛使用和高度普及当然是**源于**其方便快捷、功能齐全的特点，但手机带来高效、便利的同时，也带来了一些问题。

（1）孩子不会掩饰伪装，_____。

（2）我们一起共事十几年，我的很多习惯_____。

3. 导致

例 因为现代人对手机的喜爱和依赖，越来越多的人因长时间使用手机**导致**出现了视力下降、脊柱弯曲、失眠健忘、面对面沟通障碍等生理疾病和心理疾病。

（1）做事马虎看起来是小事，但有时可能_____。

（2）大桥年久失修，再加上货车严重超载，才_____。

4. 过度

例 手机病是**过度**使用手机造成的，只要控制手机使用时间就可以了。

（1）考试时要尽量放松，_____。

（2）现在自然资源存在的问题之一就是_____。

第 2 课　　手　机

5. 基于

例 基于此共识，大家纷纷支着儿。

（1）妈妈不让你晚上出门_____。

（2）_____，我们必须尽快采取措施。

6. 纷纷

例 基于此共识，大家纷纷支着儿。

（1）他得了冠军以后，朋友们_____。

（2）人们发现炒股和炒房来钱更快，于是_____。

7. 无时无刻

例 定时关闭网络，我们就不会无时无刻离不开手机了。

（1）她是那么渴望自由，_____。

（2）战争到来后，_____。

二　根据提示进行语段练习

1. 手机的利与弊。

   广泛　高度　源于　高效　便利　……的同时，也……　依赖
   导致　沟通障碍

   _____
   _____

2. 导致手机病的原因。

   自然而然　……成了……之一　达成　共识　过度　控制
   只要……就……

   _____
   _____

35

3. 克服手机病的三种方法。

有人说……，也有人说……，还有人说……	保管　有效
之所以……，是因为……	定时　无时无刻　惩罚

   _____

   _____

4. 作者对克服手机病的三种方法的看法。

无论是……，还是……，抑或是……　在我看来　实用性

   _____

   _____

三 总结

结合上面第二题，简述手机带来的利与弊，以及手机病的产生原因、克服方法。

第四部分　综合表达练习

一、随着科技的发展，现代科技产品越来越多：软件类，有微博、邮箱、微信、支付宝、电子地图、美图秀秀等；实体物品类，有智能机器人、智能计算机、无人汽车、VR眼镜、3D打印机、人工仿生眼等。请从中选出两个产品，各写出8个相关的描述词语

（1）_____

（2）_____

第 2 课　手　机

二 对照课文，对上题选出的两个产品进行补充，完成下表

比较角度	科技产品		
	手机	（1）	（2）
人们的评价	绝好礼物 令人意想不到		
使用率、普及率	广泛使用、高度普及，上至老人，下至幼童，每天都无数次使用		
功能	沟通、交友、购物、理财等，功能无比强大，还可以扩展		
突出优点	方便快捷、无线上网、功能齐全		
举例说明带给人们的便利和好处	网上购买动漫装备；网上谈恋爱		
带来的问题	生理和心理疾病		
问题产生的原因	过度使用手机		
克服方法	"监督说""断网说""惩罚说"		
其他	作者认为上述克服方法实用性差		

三 3人一组，每人选择上题表格中的（1）或（2）进行口头练习

1. 再听一遍听力文本第一部分，仿照本部分课文说一说人们对该产品的评价及其使用率、普及率、功能等。

    请参考使用下面的结构：
    - 上至……，下至……
    - ……人均占有率(……)达到……（，甚至……）
    - 除了……，还（可以）……，甚至……
    - 如果……，而恰巧……，只要……，就………

2. 再听一遍第二部分，仿照本部分课文说一说该产品的突出优点，并列举两个例子说明这一优点给人们带来的便利、好处。

    请参考使用下面的结构：
    - ……年前……，而现在……
    - 只要……，哪怕……，也……
    - 从……便开始……
    - 大有……的趋势

3. 再听一遍第三部分，仿照本部分课文说一说该产品带来的问题及其产生原因、克服办法。

    请参考使用下面的结构：
    - ……的同时，也……
    - 有人说……，也有人说……，还有人说……
    - 之所以……，是因为……
    - 无论是……，还是……，抑或是……

4. 每组选出1人，把以上1—3题介绍过的内容综合起来，向本组或全体同学进行整体讲述，并说说自己的看法。（限时6分钟，建议各组选择不同的产品）

四 请2—4位同学分别介绍一个自己国家的科技产品，限时6分钟

内容要求：1. 该产品在人们心目中的印象、使用率和普及率、功能。
　　　　　2. 该产品的突出优点，并举例说明这一优点给人们带来的便利、好处。
　　　　　3. 该产品带来的问题及其产生原因、克服办法。
　　　　　4. 你的看法。
表达要求：尽量使用本课的词语和相关结构。
参考题目：《……的利与弊》

第 3 课　守时如玉

听力录音

热身问题

1. 你是一个守时的人吗？你认为守时重要吗？
2. 你觉得人的哪种好习惯、好品质最重要？
3. 你们国家的人最突出的好习惯、好品质是什么？请说个例子。

第一部分（第一至二段）

 词语

3-1

1	偶遇	ǒuyù	动	没有事先安排而相遇。
2	年迈	niánmài	形	年老，岁数大。
3	只见	zhǐ jiàn		只是看见，当时看见。
4	故意	gùyì	副	有意，存心，多指不应该或不必要这样做的事却做了。
5	非但	fēidàn	连	不但，不只是。
6	无奈	wúnài	动	感到没有办法，只能这样了。
7	按照	ànzhào	介	照着……做。
8	片刻	piànkè	名	极短的时间，一会儿。
9	赴约	fùyuē	动	赴：到（某处）去。出去和约定的人见面。

第3课　守时如玉

10	钻研	zuānyán	动	深入细致地研究。
11	透	tòu	形	透彻，达到很充分的程度。
12	帝王	dìwáng	名	君主国的最高统治者。
13	攻读	gōngdú	动	努力读书、学习或研究。
14	足智多谋	zúzhì-duōmóu		智慧很多，善于计谋。
15	文武兼备	wénwǔ-jiānbèi		指人同时具有文才和武才，文武双全。
16	栋梁	dòngliáng	名	房屋的大梁，比喻能担当国家重任的人。
17	汗马功劳	hànmǎ-gōngláo		汗马：战马因奔驰而流汗。原指将士在战场上建立战功，现指在工作中做出大的贡献。
18	来临	láilín	动	来到。
19	擦肩而过	cājiān'érguò		离得很近但错过了。

注　释

张良：约公元前250年—公元前189年，秦末汉初杰出的谋臣、军事家、政治家，与韩信、萧何并称为"汉初三杰"。他以出色的智谋，协助汉高祖刘邦夺得天下，后世尊称其为"谋圣"。

听力练习

3-2

一　听第一遍录音，符合张良情况的画"√"，不符合的画"×"

1. 古代人　　　　　　　　（　　）　　2. 是老人的故人　　　　（　　）
3. 给老人捡了两次鞋　　　（　　）　　4. 不想帮老人穿鞋　　　（　　）
5. 给老人穿了鞋　　　　　（　　）　　6. 迟到了一次　　　　　（　　）
7. 前两次赴约都见到了老人（　　）　　8. 第三次赴约没迟到　　（　　）
9. 拜老人为师　　　　　　（　　）　　10. 后来成为帝王　　　　（　　）

二 听第二遍录音，选择正确答案

1. 张良和老人见面是_____的。
   A. 约好　　　　　　　　　B. 偶遇

2. 老人的鞋掉到桥下，是老人_____。
   A. 故意的　　　　　　　　B. 不小心

3. 张良帮老人穿鞋时，心情如何？_____
   A. 感谢　　　　　　　　　B. 无奈

4. 老人为什么约张良见面？_____
   A. 想让张良帮自己　　　　B. 想帮助张良

5. 张良为什么去赴约？_____
   A. 惊讶又好奇　　　　　　B. 拿老人没办法

6. 张良第三次赴约才拿到书，是因为前两次_____。
   A. 没见到老人　　　　　　B. 都去晚了

7. 守时是张良成功的一个条件吗？_____
   A. 是　　　　　　　　　　B. 不是

8. 守时的作用是什么？_____
   A. 抓住机会　　　　　　　B. 创造机会

9. 文章最想告诉我们什么？_____
   A. 守时的重要性　　　　　B. 成功需要守时和刻苦

三 根据录音中的解释，把号码填在相应的词语后面

1. 偶遇_____　　　2. 年迈_____　　　3. 片刻_____
4. 钻研_____　　　5. 足智多谋_____　　6. 擦肩而过_____

第 3 课　守时如玉

四　根据录音回答问题

3-2

1. 描述张良和老人的故事：
   _____
   _____
   _____

2. 张良情绪的变化：
   _____
   _____
   _____

口语练习

一　用所给词语完成句子

1. 只见

例 有一天，张良在桥上散步时偶遇一位年迈老人。只见老人故意把鞋扔到桥下，然后对他说："小伙子，下去给我捡鞋！"

（1）他一抬眼就看到了一个女子，_____，看来她就是他要找的人。

（2）眼前的情景让他目瞪口呆，_____。

2. 故意

例 只见老人故意把鞋扔下桥底，然后对他说："小伙子，下去给我捡鞋！"

（1）她_____，成功地引起了他的注意。

（2）请如实回答问题，_____。

43

3. 无奈

例 老人非但没有就此感谢他,还要求张良帮他穿上,张良无奈,又按照他说的做了。

(1) 他虽然下决心振兴家族企业,＿＿＿＿＿＿＿＿＿＿＿＿＿＿,总是无法实现。

(2) 他修改了五次的设计稿还是不合格,＿＿＿＿＿＿＿＿＿＿＿＿＿＿＿＿。

4. 按照

例 老人非但没有就此感谢他,还要求张良帮他穿上,张良无奈,又按照他说的做了。

(1) 小说＿＿＿＿＿＿＿＿＿＿＿＿＿＿＿＿,可分为长篇、中篇、短篇三类。

(2) 新的命令已经发出,＿＿＿＿＿＿＿＿＿＿＿＿＿＿＿＿＿。

二 结合听力练习二回答问题,每题至少使用下面3个词语

古代	说的是	年迈	只见	目睹	诧异	非但
无奈	按照	片刻	为何	赴约	情况	满意
钻研	栋梁之材	汗马功劳	守时	机遇		

1. 请说说故事发生的时间、地点、人物。

2. 张良偶遇老人后,老人做了什么?

3. 张良捡完鞋以后,老人又提了什么要求?

4. 老人穿上鞋后又做了什么?张良反应如何?

5. 说说三次见面的经过。

6. 那本书对张良有帮助吗?

7. 这个故事对我们有什么启示?

三 用所给词语或句式表达

1. 有一个……，说（讲/写/描述/表达……）的是……

[解释] 讲一个故事或者描述一个文学作品、艺术作品。

[例] 中国古代**有一个**故事，**说的是**一个叫张良的人。

（1）讲一个你们国家的神话。

（2）介绍一部电影。

2. 非但……，还……

[解释] 表示递进。

[例] 目睹老人的行为，张良很诧异，但看老人年纪很大，就下桥去帮他把鞋捡了上来。老人**非但**没有就此感谢他，**还**要求张良帮他穿上。

（1）谈谈反常的天气情况。

（2）一次出口生意没有赚到钱，反而赔了很多钱。

3. 既……又……，于是……

[解释] 两个同时存在的原因引出的结果。

[例] 张良**既**惊讶**又**好奇，很想知道老人为何约他见面，**于是**决定前去赴约。

（1）谈谈你喜欢或不喜欢的一个事物及原因。

（2）谈谈你正在做或已放弃的一件事及原因。

4. 这个故事（这件事/这句话……）告诉我们：……

|解释| 某一个故事或某件事或某句话的道理、启示。

|例| 这个故事告诉我们：守时，是机会来临时抓住机遇的那只手，不伸出这只手，机会就会和你擦肩而过；伸出这只手，你就离成功更近了一步。

（1）说一句你们国家的俗语及其包含的道理。
_____
_____

（2）介绍你看过的一本书及其给你的启示。
_____
_____

四 总结

结合上面第二、三题，简述文中故事的起因、经过、结果、意义。

五 扩展

1. 你认为老人是故意为难张良吗？目的是什么？
2. 张良的哪些优良品质帮助他走向了成功？

第二部分（第三至五段）

 词语

3-4

20	古往今来	gǔwǎng-jīnlái		从古代到现在。
21	守约	shǒu yuē		遵守共同约定的事。
22	高薪	gāoxīn	名	工资、报酬等很高。
23	招聘	zhāopìn	动	用公告的方式让人应聘工作。
24	层层	céngcéng		一层又一层。

第 3 课　守时如玉

25	筛选	shāixuǎn	动	通过淘汰的方法挑选出想要的。
26	入选	rùxuǎn	动	被选中，被选入。
27	辞退	cítuì	动	用人单位因某些原因解雇员工。
28	正式	zhèngshì	形	合乎一定规定或标准的。
29	宣誓	xuānshì	动	人在加入某个组织或担任某个职务时，在一定的仪式下说出表示决心或提出保证的话。
30	和蔼可亲	hé'ǎi-kěqīn		指人态度温和，容易接近。
31	偶尔	ǒu'ěr	副	有时候。表示情况不常出现。
32	懈怠	xièdài	形	松懈懒惰，做事不积极。
33	先后	xiānhòu	副	按照一定顺序，一个接一个地。
34	打道回府	dǎdào-huífǔ		打道：开道。回府：回官府或自己的府邸。古时达官贵人出行都有专人开路，现代汉语中常用来形容取道回家或原路返回。
35	谅解	liàngjiě	动	了解实情后原谅或消除意见。
36	违反	wéifǎn	动	不遵守，不符合（法律、法规、纪律等）。
37	信守	xìnshǒu	动	忠诚地遵守。
38	大忌	dàjì	名	重要的禁忌。
39	资本	zīběn	名	经营工商业的本钱。比喻获取利益的凭借。
40	赢得	yíngdé	动	获得，取得。
41	前提★	qiántí	名	事物发生或发展首先要具备的条件。
42	基本	jīběn	形	根本的，主要的。
43	素养	sùyǎng	名	人平日的修养、品质。

听力练习

一 听第一遍录音，填空

1. 有一个公司向社会_____招聘部门经理，经过层层_____，有3位优秀者_____，试用期两个月。然而，一个月不到他们就全都被_____了。

2. _____约定，是尊重别人的体现，同时也是获得别人尊重的一个_____，是_____别人信赖和支持的_____与关键。

二 听第二遍录音，判断正误

1. 这个公司部门经理的职位工资很高。　　　　　　　　　　（　　）
2. 入选者还不是正式员工。　　　　　　　　　　　　　　　（　　）
3. 入选者试用期结束后被辞退了。　　　　　　　　　　　　（　　）
4. 入选者因为能力不足被辞退。　　　　　　　　　　　　　（　　）
5. 入选者不想离开。　　　　　　　　　　　　　　　　　　（　　）
6. 董事长理解并原谅了他们。　　　　　　　　　　　　　　（　　）
7. 守时是一个人做事态度、基本素养的体现。　　　　　　　（　　）

三 听第三遍录音，补充内容

1. 公司招聘了_____部门经理。

2. 部门经理需要每天比普通员工早上班_____小时。

3. 入选者开始很紧张，但后来_____了，于是先后迟到。

4. 董事长认为入选者迟到是没有_____约定。

5. 生意人的_____是不守约。

6. 守约常常体现在_____上。

第 3 课　守时如玉

口语练习

一　用所给词语完成句子

1. 偶尔

例 他们发现董事长和蔼可亲，偶尔有人迟到董事长也没有责怪，便开始懈怠。

（1）他不经常买很贵的东西，_____。

（2）流星雨这种天文现象_____。

2. 懈怠

例 他们发现董事长和蔼可亲，偶尔有人迟到董事长也没有责怪，便开始懈怠。

（1）工作以来，总有新人追赶并超过自己，这_____。

（2）二十多年过去了，_____。

3. 先后

例 终于，大家先后迟到，尽管最短的只迟到了两分钟，但结果他们都得打道回府。

（1）这位老师教学工作特别优秀，_____。

（2）从20世纪40年代到现在，_____。

4. 基本

例 守时，虽然只是简简单单的两个字，但却有着深刻的内涵：它表明了一个人的做事态度和基本素养。

（1）按时完成作业是_____。

（2）这份报告把我们的优势都列出来了，_____。

博雅汉语听说·高级飞翔篇 I

二 根据录音，结合本部分听力练习二、三说一说

1. 公司招聘情况及关于时间的规定。

   高薪　层层　入选　正式　先……，然后……

   _____
   _____

2. 入选者上班是否守时？结果如何？

   严格　和蔼可亲　偶尔　懈怠　尽管　打道回府

   _____
   _____

3. 被辞退者的请求及董事长的回答。

   谅解　郑重　规定　代表　违反　意味着　信守　大忌　不论

   _____
   _____

4. 守约守时的重要性。

   信守　体现　资本　赢得　前提　内涵　素养

   _____
   _____

三 根据场景，用所给词语或句式仿造句子，然后再自选一个话题用所给词语或句式表达

1. **反之**

   例 古往今来因守约守时抓住机会、获得成功的人很多。**反之**，因不守约不守时而失去机会的人也不在少数。

   场景：做一件事时，付出努力和不付出努力的两种结果。

   仿造：_____
   _____

第 3 课　守时如玉

自选：_____
_____

2. 开始时……，但几天后……，终于……

例 开始时，3位试用的经理还很紧张，严格遵守时间，但几天后，他们发现董事长和蔼可亲，偶尔有人迟到董事长也没有责怪，便开始懈怠。终于，大家先后迟到，尽管最短的只迟到了两分钟，但结果他们都得打道回府。

场景：随着时间的变化，好朋友之间的矛盾化解了。

仿造：_____
_____

自选：_____
_____

3. 尽管……，但……

例 终于，大家先后迟到，尽管最短的只迟到了两分钟，但结果他们都得打道回府。

场景：生活中一个很小的错误导致了严重的后果。

仿造：_____
_____

自选：_____
_____

4. 是……，同时也是……

例 信守约定，是尊重别人的表现，同时也是获得别人尊重的一个资本。

场景：善良的两个重要性。

仿造：_____
_____

自选：_____
_____

5. 虽然……，但……

例 守时，虽然只是简简单单的两个字，但却有着深刻的内涵：它表明了一个人的做事态度和基本素养。

场景：讨论一下"宽容"。

仿造：_____

_____

自选：_____

_____

四 总结

结合上面第二、三题，简述文中故事的起因、经过、结果、意义。

五 扩展

1. 你认为三位入选者不守时不守约的行为是否可以谅解？为什么？
2. 你同意董事长的说法吗？为什么？

第三部分（第六至十一段）

词语

3-6

44	谋财害命	móucái-hàimìng		为了劫夺财物，害人性命。
45	观念	guānniàn	名	思想意识。
46	绝对	juéduì	副	必定，肯定。
47	极为★	jíwéi	副	非常，表示程度达到极点。
48	放缓	fàng huǎn		放慢。
49	琐事	suǒshì	名	细小零碎的事。
50	繁多	fánduō	形	种类多，数量大。

第 3 课　　守时如玉

51	规划	guīhuà	名/动	计划，尤指比较全面的长远的计划。/做计划。
52	统筹	tǒngchóu	动	统一计划安排。
53	预计	yùjì	动	事先进行估计或推测。
54	预留	yùliú	动	事先留出。
55	至少	zhìshǎo	副	表示最小的限度，最少。
56	应对	yìngduì	动	采取措施、对策以应付出现的情况。
57	信奉	xìnfèng	动	相信并奉行。
58	白白	báibái	副	没有效果，不起作用。
59	空白段	kòngbáiduàn	名	空着、没有被利用的时间段。
60	获赠	huò zèng		获得别人的赠送。

听力练习

一　根据录音，选择正确答案

1. 有时间观念的人认为，守时_____。

   A. 比较重要　　　　　　B. 极为重要

2. 钥匙、钱包、手机放在_____，可以减少寻找的时间。

   A. 一起　　　　　　　　B. 固定的地方

3. 去某个地方需要十分钟，_____预留二十分钟应对"意外"。

   A. 至少　　　　　　　　B. 最多

4. 守时的人信奉的原则是_____。

   A. 来得巧，不如来得早　B. 来得早，不如来得巧

二 根据录音，判断正误

3-7

1. 德国科学家康德认为："迟到就是犯罪。" （   ）
2. 对于有时间观念的人来说，守时极为重要。 （   ）
3. 要守时，严格遵守事先的规划很重要。 （   ）
4. 多预留时间可以有效避免迟到。 （   ）
5. 守时的人早到时，常抓紧时间休息一会儿。 （   ）
6. 守时的人很享受等待的时间。 （   ）

三 根据录音，搭配词语

3-8

1. 放缓 _____
2. 做好 _____
3. 预留 _____
4. 白白 _____
5. 应对 _____
6. 严格 _____
7. 有所 _____

口语练习

一 用所给词语完成句子

1. 绝对

例 对于那些有时间观念的人来说，守时**绝对**是一件极为重要的事。

（1）这家店做生意的宗旨是老少无欺，_____。

（2）他是一个善良的人，_____。

2. 极为

例 对于那些有时间观念的人来说，守时绝对是一件**极为**重要的事。

联想 极为紧张　极为重要　极为放松　极为反常　极为炎热　极为稳定
　　　极为平淡　极为不满

（1）他今天演讲时_____。

第 3 课　守时如玉

（2）目前我国的政治局势_____。

3. 预计

例　除此之外，制定规划要有弹性，比如要为不可预计的意外预留时间，如交通问题、迷路、丢东西等。

（1）他虽然昏迷了一会儿，不过_____，你不用担心。

（2）这一地区有丰富的地下矿藏资源，_____。

4. 至少

例　若是去某个地方需要十分钟，那么至少要预留二十分钟来应对那些"意外"。

（1）要去拜访一个人时，_____。

（2）他建这所学校_____。

5. 白白

例　在等待的时间里，或者看看邮件、新闻，或者是读书、看看风景，守时的人不仅不会白白浪费这个空白段，还很享受并有所收获。

（1）你一定要牢牢把握这次机会，_____。

（2）这个月我应该休年假，可老板以"工作太多"为借口不请给我假，_____。

二　根据提示进行语段练习

1. 文中提到的几位名人对守时的看法。

无论……，还是……，都……　礼貌　犯罪　谋财害命
对……来说　极为

_____
_____

2. 守时的养成方法。

任何人　放缓　琐事　规划　统筹　遵守　预留　应对

_____

_____

3. 说说如何做好规划。

多方面　首先　比如……，再比如……　固定　遵守

_____

_____

4. 说说制定规划要有弹性。

预计　预留　若是……，那么……　至少　应对

_____

_____

5. 守时者的习惯及收获。

信奉　不但……，而且……　等待　或者……，或者……
不仅不……，还……　好像

_____

_____

三　总结

结合上面第二题，简述名人对守时的看法、守时的养成方法、守时者的习惯及收获等。

第 3 课　守时如玉

第四部分　综合表达练习

一 除了守时守约、守信重诺，人们还有许多优良品质，比如：谦虚、勇敢、善良、宽容、诚实、忠诚等。请选出两个优良品质，各写出8个相关的描述词语

（1）_____

（2）_____

二 对照课文，对上题选出的两个品质进行补充，完成下表

比较角度		优良品质		
		守时	（1）	（2）
正面故事	时间	古代		
	人物	张良和年迈老人		
	起因	老人想帮助张良，考验他		
	经过	老人让张良帮他捡鞋、穿鞋，然后约张良见面		
	结果	张良守时后，老人给他一本书，他刻苦钻研，最后成才		
	意义	守约让他抓住了机会		

续表

比较角度		优良品质		
		守时	（1）	（2）
反面故事	时间	现代		
	人物	1位董事长，3位经理		
	起因	公司招聘，3位优秀者入选，试用两个月。公司规定经理提前半小时到董事长办公室宣誓		
	经过	开始时3位试用者严格遵守，后来懈怠了，先后迟到		
	结果	3位试用者打道回府		
	意义	不守约不守时的人，是无法得到尊重和信任的		
名人的看法		守时是礼貌；不守时是犯罪，是谋财害命		
养成办法		制定规划并实施，预留时间		
守时者的习惯与收获		信奉"来得巧，不如来得早"，享受空白段，有所收获		
你的看法				

三 **3人一组，每人选择上题表格中的（1）或（2）进行口头练习**

1. 再听一遍听力文本第一部分，仿照本部分课文说说正面故事，要求说出起因、经过、结果、意义。

   请参考使用下面的结构：
   - 有一个……，说（讲/写/描述/表达……）的是……
   - 非但……，还……
   - 既……又……，于是……
   - 这个故事（这件事/这句话……）告诉我们……

2. 再听一遍第二部分，仿照本部分课文说说反面故事，要求说出起因、经过、结果、意义。

   请参考使用下面的结构：
   - 反之，……
   - 开始时……，但几天后……，终于……
   - 尽管……，但……
   - 是……，同时也是……
   - 虽然……，但……

3. 再听一遍第三部分，仿照本部分课文说说：名人对该品质的看法、养成方法、守时者的习惯及收获等。

   请参考使用下面的结构：
   - 无论……，还是……，都……
   - 比如……，再比如……
   - 若是……，那么……
   - 不但……，而且……
   - 不仅不……，还……

4. 每组选出1人，把以上1—3题介绍过的内容综合起来，向本组或全体同学进行整体讲述，并说说自己的看法。（限时6分钟，建议各组选择不同的品质）

四 请2—4位同学分别介绍一个自己国家推崇的品质，限时6分钟

内容要求：1. 正面故事，起因、经过、结果及其意义。
2. 反面故事，起因、经过、结果及其意义。
3. 名人或大众对该品质的看法、该品质养成方法、收获等。
4. 你的看法。
表达要求：尽量使用本课的词语、结构。
参考题目：《……是一种美德》《话说……》

第4课 地下宫殿十三陵

听力录音

热身问题

1. 你去过北京的故宫吗？知道它的名字吗？
2. 你知道古代皇帝住的地方什么样吗？你羡慕皇帝的生活吗？
3. 你见过的或者想象中，古代皇帝死后葬在什么样的地方？

第一部分（第一至三段）

 词语

4-1

1	宫殿	gōngdiàn	名	古代帝王居住的高大华丽的房屋。
2	举世闻名	jǔshì-wénmíng		全世界都知道，形容非常有名。
3	修建	xiūjiàn	动	建造，施工（多用于土木工程）。
4	延续	yánxù	动	照原来样子继续下去。
5	帝国	dìguó	名	有皇帝统治的国家。
6	葬	zàng	动	掩埋死者。
7	陵园	língyuán	名	以坟墓为主的园林。
8	依照	yīzhào	介	照⋯⋯做。
9	陵墓	língmù	名	重要人物的坟墓。
10	金碧辉煌	jīnbì-huīhuáng		形容建筑物非常华丽、漂亮。

11	试图	shìtú	动	尝试、打算。
12	秘密	mìmì	名	隐藏而不为人知的事。
13	地宫	dìgōng	名	地下的宫殿。特指古代帝王的坟墓。
14	神秘	shénmì	形	使人看不透、想不透。
15	与世隔绝	yǔshì-géjué		与社会上的人隔离，断绝来往。
16	长眠	chángmián	动	婉辞，指人去世。
17	封闭	fēngbì	动	严密地关住、盖住，使不能随便通过或打开。
18	阳间	yángjiān	名	人世间，人活着的时候在的地方。（与"阴间"相对）
19	阴间	yīnjiān	名	人死后灵魂在的地方。（与"阳间"相对）
20	自古以来	zìgǔ-yǐlái		从古代到现在。
21	民间	mínjiān	名	普通人中间。
22	遵从	zūncóng	动	遵照并服从。
23	高高在上	gāogāo-zàishàng		形容人的地位高，现在也用来形容领导者脱离实际，脱离群众。
24	尤其	yóuqí	副	更，更加。
25	如此	rúcǐ	代	这样。
26	皇位	huángwèi	名	皇帝的宝座。

注　释

十三陵：中国明朝皇帝的墓葬群，共有13座皇帝陵墓、7座妃子墓、1座太监墓。现为世界文化遗产、全国重点文物保护单位、国家重点风景名胜区、国家5A级旅游景区。

紫禁城：也称故宫，是中国明、清两代皇帝居住的皇宫，被誉为世界五大宫之首（北京故宫、法国凡尔赛宫、英国白金汉宫、美国白宫、俄罗斯克里姆林宫），是世界上现存最大、保存最完整的木质结构古建筑群。

第4课　地下宫殿十三陵

听力练习

一　听第一遍录音，符合十三陵情况的画"√"，不符合的画"×"

1. 是皇宫　　　　　　　（　）　2. 明朝修建　　　　　　（　）
3. 葬有13个皇帝　　　　（　）　4. 在北京南部　　　　　（　）
5. 世界上最大的皇家陵园（　）　6. 金碧辉煌　　　　　　（　）
7. 也叫紫禁城　　　　　（　）　8. 定陵没成功打开　　　（　）

二　听第二遍录音，选择正确答案

1. 紫禁城是世界上最大的_____。
   A. 皇宫建筑群　　　　　　　　B. 皇家陵园

2. 明朝持续了多长时间？_____
   A. 少于200年　　　　　　　　 B. 多于200年

3. 十三陵的建筑和紫禁城有关系吗？_____
   A. 依照紫禁城而建　　　　　　B. 与紫禁城无关

4. 十三陵的陵墓都建有金碧辉煌的_____。
   A. 宫墙　　　　　　　　　　　B. 宫殿

5. 定陵在中国_____被成功打开的陵墓。
   A. 是第一个，但不是唯一一个　B. 是第一个，也是唯一一个

6. 按照中国的传说，人们生活的世界叫_____。
   A. 阳间　　　　　　　　　　　B. 阴间

7. 十三陵的陵墓是皇帝为谁建造的？_____
   A. 皇帝的父亲　　　　　　　　B. 皇帝自己

三　根据录音中的解释，把号码填在相应的词语后面

1. 封闭_____　　2. 陵园_____　　3. 金碧辉煌_____
4. 长眠_____　　5. 试图_____　　6. 神秘_____
7. 自古以来_____

四 根据录音回答问题

1. 根据中国的传说，人死后会去什么地方？
   _____
   _____

2. 人们对死后生活是怎样理解的？
   _____
   _____

口语练习

一 用所给词语完成句子

1. 依照

例 陵园内的建筑全部**依照**皇宫建造。

（1）对于危害别人的人，应该_____。

（2）把说明书给我，这个仪器有点儿复杂，_____。

2. 试图

例 20世纪50年代中期，一项考古计划**试图**解开十三陵所有的秘密。

（1）同事们误会他以后，_____，但没有人相信。

（2）人们一直把维纳斯雕像作为女性美的象征，同时也为她的断臂感到遗憾，因此不少艺术家_____。

3. 尤其

例 对阴间世界的想象，使得中国人自古以来都非常重视坟墓的修建，这不仅仅是民间百姓乐于遵从的一个传统习俗，高高在上的皇帝，**尤其**如此。

（1）他擅长舞蹈，_____。

（2）公司严重缺乏人才，_____，导致公司开发不出新的产品。

第4课　地下宫殿十三陵

4. 如此

例 对阴间世界的想象，使得中国人自古以来都非常重视坟墓的修建，这不仅仅是民间百姓乐于遵从的一个传统习俗，高高在上的皇帝，尤其如此。

（1）五颜六色的烟花_____。

（2）这部小说_____，真让我爱不释手。

二 结合听力练习二回答问题，每题至少使用下面3个词语

举世闻名	最大	修建	位于	占地面积	皇家
依照	金碧辉煌	宫殿	唯一	神秘	与世隔绝
更加	灵魂	自古以来	遵从		

1. 紫禁城是什么地方？
_____

2. 说说十三陵的年代、位置、影响。
_____

3. 十三陵建筑特色如何？
_____

4. 简单介绍一下定陵。
_____

5. 中国人重视坟墓的修建吗？有何文化背景？
_____

三 用所给词语或句式表达

1. ……是……最大（高/早/原始/完美……）的……，（开始）修建（出现/产生/形成/建立……）于……

解释 某一事物的国内或国际的影响、年代。

例 北京的紫禁城是世界上最大的皇宫建筑群，开始修建于明朝（1368—1644年）。

（1）你们国家最大的学校或者公司。
_____
_____

（2）你去过的最古老的城市。
___
___

2. 位于……的……是世界上……最……的……

解释 某一事物的地理位置、国际影响。

例 位于北京北部一片山谷中的十三陵是世界上占地面积最大的皇家陵园。

（1）一个举世闻名的建筑。
___
___

（2）一个最有特色的国家（比如梵蒂冈）。
___
___

3. ……是……第一个（次/项……），也是唯一一个（次/项……）……

解释 某一事物的独特性。

例 定陵是中国第一个，也是唯一一个被考古学家打开的皇帝陵墓。

（1）你收到过的一个礼物。
___
___

（2）你或亲友的一次独特经历。
___
___

4. 绝大多数……都……

解释 某一事物的普遍性。

例 绝大多数中国皇帝都在坐上皇位后就开始修建自己的陵墓。

（1）你的朋友们都喜欢什么娱乐活动？
___
___

第4课　地下宫殿十三陵

（2）泰国的佛教。
___

5. ……是……较为完整（出色/典型……）的……之一
　　解释　某一事物的典型代表。
　　例　北京郊区的这些陵墓就是其中保存较为完整的皇帝陵墓建筑群之一。
（1）你最向往的一个地方。
___

（2）谈谈一个风景优美的亚洲国家。
___

四　总结

　　结合上面第二、三题，简述十三陵的年代、位置、影响、特色等，重点介绍一下定陵。

五　扩展

1. 你如何看待皇宫的生活？
2. 你相信"阴间"这种说法吗？
3. 你知道人死后有几种安葬的方法？你认为哪一种更好？为什么？

第二部分（第四至八段）

词语

4-4

27	都城	dūchéng	名	首都。
28	至今	zhìjīn	副	直到现在。
29	发动	fādòng	动	使开始，使行动起来，后多接战争、机器、群众等词。
30	兵变	bīngbiàn	动	军队不听指挥发生叛变的事情。
31	血腥	xuèxīng	形	形容场面十分残酷。
32	屠杀	túshā	动	残忍杀害很多人。
33	夺得	duódé	动	获得，多指通过很多努力或激烈的竞争而得来。
34	迁	qiān	动	离开去新地方工作或居住。
35	征调	zhēngdiào	动	政府征集和调用人员、物资。
36	工匠	gōngjiàng	名	有手艺的工人。
37	浩大	hàodà	形	（气势、规模等）非常大。
38	繁杂	fánzá	形	事情又多又乱。
39	从此	cóngcǐ	副	从这一时间起。
40	灭亡	mièwáng	动	（国家、种族等）不再存在。
41	不朽	bùxiǔ	动	褒义，永远存在（多用于形容抽象事物）。
42	血汗	xuèhàn	名	指辛勤的劳动。
43	从未	cóngwèi	副	从来不，从来没。
44	间断	jiànduàn	动	（连续的事情）中间隔断，不连接。

第4课　地下宫殿十三陵

注　释

朱元璋：1328—1398年，明朝开国皇帝，1368年称帝，定都南京，史称明太祖。

朱　棣：1360—1424年，明朝第三位皇帝。1399—1402年通过发动兵变夺得帝位，史称明成祖。1421年将首都由南京迁往北京。

听力练习

一　听第一遍录音，填空

1. 明朝的都城最初并不设在_____，而是设在了长江以南的_____。

2. 朱棣把这片本来叫黄土山的山谷_____天寿山，从此这片山谷就成为明朝的皇家_____。包括朱棣在内，共有13位明朝皇帝在这里修建了_____，到明朝_____时，整个陵园的总面积已超过_____平方公里，这比当时明朝的都城_____城的面积还要大。

3. 十三陵中每个陵墓的建造都是一项_____的工程，大部分陵墓都经过了_____年甚至_____年的时间才最终建成。

二　听第二遍录音，判断正误

1. 明朝只有一个都城。　　　　　　　　　　　　　　　　　（　　）
2. 十三陵里有朱元璋的陵墓。　　　　　　　　　　　　　　（　　）
3. 朱棣是朱元璋的孙子。　　　　　　　　　　　　　　　　（　　）
4. 朱棣的皇位是抢来的。　　　　　　　　　　　　　　　　（　　）
5. 朱棣从南京发动兵变。　　　　　　　　　　　　　　　　（　　）
6. 朱棣为了争夺皇位发动兵变，导致很多人死于战争。　　　（　　）
7. 朱棣做皇帝以后，把都城设在了北京。　　　　　　　　　（　　）
8. 朱棣的陵墓是十三陵中第二个建造的。　　　　　　　　　（　　）
9. 每年修建陵墓都需要十几万人。　　　　　　　　　　　　（　　）

69

三 听第三遍录音，补充内容

1. 朱元璋是在_____做皇帝的，其陵墓也在那个城市。

2. 朱棣极为不满并发动兵变，是因为朱元璋把_____传给了孙子。

3. 朱棣_____皇位后，就开始修建自己的陵墓。他的陵墓叫_____。

4. 十三陵一共修建了_____年。

5. 建造这些不朽的工程，_____付出的血汗最多。

口语练习

一 用所给词语完成句子

1. 至今

例 至今在南京还保存着明朝建筑的城墙和开国皇帝朱元璋的陵墓。

（1）从认识他的那天开始，我就发现他是一个热情的人，_____。

（2）从六岁起，我参加过无数次乒乓球比赛，_____。

2. 从此

例 朱棣把这片本来叫黄土山的山谷改名为天寿山，从此，这片山谷就成为明朝的皇家陵园。

（1）王子找到灰姑娘，把她带回皇宫，_____。

（2）我们绝交吧，_____。

3. 从未

例 这里的工程几乎从未间断。

（1）他是一个内向羞涩的男孩，_____。

（2）这些秘密我一直埋在心里，_____。

第 4 课　地下宫殿十三陵

4. 间断

例　每年参加修建的人多达数万，200多年的时间里，这里的工程几乎从未间断。

（1）在动荡不安的年代，_____。

（2）比赛前两个月他受伤了，_____。

二　根据录音，结合本部分听力练习二、三说一说

1. 明朝都城的变迁是怎么样的？

   最初　并不……，而是……　至今

   _____
   _____

2. 朱棣发动兵变的原因是什么？结果如何？

   皇位　引起　发动　屠杀　夺得

   _____
   _____

3. 朱棣做皇帝以后，修建了哪些工程？

   都城　征调　宫殿　浩大　繁杂　陵墓

   _____
   _____

4. 说说建造十三陵的一些情况。

   把……改名为……　从此　包括……在内　灭亡　面积

   _____
   _____

5. 说说修建十三陵花费的人力和时间。

   不朽　血汗　工程　最终　多达　从未　间断

   _____
   _____

71

三 根据场景，用所给词语或句式仿造句子，然后再自选一个话题用所给词语表达

1. 最初并不……，而是……，至今……还……

例 明朝的都城最初并不设在北京，而是设在了长江以南的南京，至今在那里还保存着明朝建筑的城墙和开国皇帝朱元璋的陵墓。

场景：一次搬家。

仿造：_____

自选：_____

2. 把……改（名）为……，从此……

例 朱棣把这片本来叫黄土山的山谷改名为天寿山，从此，这片山谷就成为明朝的皇家陵园。

场景：一个国家换了首都，或一个城市换了名字。

仿造：_____

自选：_____

3. 包括……在内

例 包括朱棣在内，共有13位明朝皇帝在这里修建了陵墓，故称十三陵。

场景：你认识的外国朋友。

仿造：_____

自选：_____

四 总结

结合上面第二、三题，简述十三陵的建造起因、经过，以及花费的人力、物力、时间等。

第4课 地下宫殿十三陵

五 扩展

说说你对朱棣的评价。

第三部分（第九至十一段）

 词语

4-6

45	布局	bùjú	名	对事物的全面规则和安排。
46	根深叶茂	gēnshēn-yèmào		树根扎得深，树叶就长得茂盛。比喻基础深厚，就能兴旺发达。
47	主干	zhǔgàn	名	植物主要的茎。
48	神道	shéndào	名	坟墓前面的主要通道。
49	必经之路	bì jīng zhī lù		一定要经过的道路。
50	文武官员	wénwǔ guānyuán		文臣和武将，泛指所有大臣。
51	依然	yīrán	副	依旧。
52	主宰	zhǔzǎi	动/名	支配，统治。/拥有支配权、统治权的人。
53	生前	shēngqián	名	死者还活着的时候。
54	服侍	fúshì	动	伺候，照料。
55	向来★	xiànglái	副	从来，一向。
56	永世长存	yǒngshì-chángcún		永远存在。
57	无上★	wúshàng	形	最高。
58	陵寝	língqǐn	名	古代帝王及后妃的坟墓。
59	各自	gèzì	代	每个人自己。
60	富丽堂皇	fùlì-tánghuáng		形容建筑物雄伟华丽。

61	气势	qìshì	名	（人或事物）表现出的某种力量、威势。
62	非凡★	fēifán	形	超过一般，不平常。
63	似乎	sìhū	副	好像。
64	行宫	xínggōng	名	帝王出行在外临时居住的宫殿。
65	行程	xíngchéng	名	行走的路程。
66	遥遥	yáoyáo	形	形容距离远，时间长。

听力练习

二 根据录音，选择正确答案

1. 十三陵内的_____是皇帝入葬时的必经之处。

    A. 大树   B. 神道

2. _____巨大的石像排列在神道两侧。

    A. 18个   B. 18对

3. 中国的皇帝希望自己死后可以_____。

    A. 保佑后代   B. 获得安静

4. 十三陵_____。

    A. 依照皇宫建造   B. 是皇上的行宫

三 根据录音，判断正误

1. 十三陵有一个主干道——神道。 （　　）
2. 十三陵内有很多文武官员。 （　　）
3. 皇帝入葬不会经过文武百官的石像。 （　　）
4. 中国皇帝希望死后仍有人服侍。 （　　）
5. 十三陵是一个很大的建筑群，这个大建筑群由一些小的建筑群组成。
                                                                             （　　）

第 4 课　地下宫殿十三陵

三　根据录音，搭配词语

4-8

1. 无上的 _____　　2. 高大的 _____

3. 完整的 _____　　4. 辉煌的 _____

口语练习

一　用所给词语完成句子

1. 依然

例 这些是文武官员的石像，表示皇帝死后在阴间依然是主宰者。

（1）他小时候就喜欢音乐，长大后_____。

（2）他的专业水平已经很高了，完全能找到理想的工作，_____。

2. 向来

例 中国的皇帝向来是这样地渴望长命不朽，他们渴望自己的陵墓永世长存，渴望自己在死后继续拥有无上的权力。

（1）不守时不守约的人，_____。

（2）刚刚研制成功的产品，_____。

3. 无上

例 中国的皇帝向来是这样地渴望长命不朽，他们渴望自己的陵墓永世长存，渴望自己在死后继续拥有无上的权力。

（1）猴王是经过激烈搏斗产生的，拥有_____，猴子们都得听它的指挥。

（2）站在高高的领奖台上，他感到_____。

4. 各自

例 每个陵墓都各自拥有一套完整的建筑群。

（1）火车已到达目的地，请旅客们_____。

（2）在上海游玩结束后，伙伴们_____。

75

5. 非凡

例 和紫禁城里的皇宫一样，这些宫殿也同样的富丽堂皇、气势非凡。

（1）这个女孩在校期间就显示出＿＿＿＿＿＿＿＿＿＿＿＿＿＿＿＿＿＿。

（2）节日的街头，男女老少，喜气洋洋，＿＿＿＿＿＿＿＿＿＿＿＿＿。

二 根据提示进行语段练习

1. 十三陵的总体布局是什么样的？

……像……　根深叶茂　树枝　主干　神道

＿＿＿＿＿＿＿＿＿＿＿＿＿＿＿＿＿＿＿＿＿＿＿＿＿＿＿＿＿＿＿

＿＿＿＿＿＿＿＿＿＿＿＿＿＿＿＿＿＿＿＿＿＿＿＿＿＿＿＿＿＿＿

2. 神道的安排及意义。

必经之路　排列　石像　表示　依然　主宰者　左右　随时

＿＿＿＿＿＿＿＿＿＿＿＿＿＿＿＿＿＿＿＿＿＿＿＿＿＿＿＿＿＿＿

＿＿＿＿＿＿＿＿＿＿＿＿＿＿＿＿＿＿＿＿＿＿＿＿＿＿＿＿＿＿＿

3. 皇帝们修建陵墓的意图是什么？

向来　渴望　不朽　永世长存　无上　保佑

＿＿＿＿＿＿＿＿＿＿＿＿＿＿＿＿＿＿＿＿＿＿＿＿＿＿＿＿＿＿＿

＿＿＿＿＿＿＿＿＿＿＿＿＿＿＿＿＿＿＿＿＿＿＿＿＿＿＿＿＿＿＿

4. 十三陵的建筑特点及文化内涵。

依照　各自　城墙　宫殿　和……一样，……也同样……
富丽堂皇　气势非凡　并不是……，而是……　遥遥

＿＿＿＿＿＿＿＿＿＿＿＿＿＿＿＿＿＿＿＿＿＿＿＿＿＿＿＿＿＿＿

＿＿＿＿＿＿＿＿＿＿＿＿＿＿＿＿＿＿＿＿＿＿＿＿＿＿＿＿＿＿＿

三 总结

结合上面第二题，具体说说十三陵的布局、特点及文化意义。

第4课　地下宫殿十三陵

第四部分　综合表达练习

一 北京有很多名胜古迹，除了十三陵，还有故宫、颐和园、圆明园、天坛、中华世纪坛、长城等，请从中选出两个，各写出8个相关的描述词语

（1）_____

（2）_____

二 对照课文，查找相关资料，试对上题选出的两个名胜古迹进行比较，完成下表

比较角度	建筑名称		
	十三陵	（1）	（2）
建造年代	明朝		
地理位置	北京北部的山谷		
国内或世界影响	世界上占地面积最大的皇家陵园（超过120平方公里）		
作用或用途	皇家陵园		
建筑特色	另一个"紫禁城"：依照紫禁城而建，有高大的城墙和辉煌的宫殿		
重点介绍	定陵		
文化背景	传说及相关习俗		
相关人物	朱元璋、朱棣		
建造起因、经过	抢夺皇位、迁都		

续表

比较角度	建筑名称		
	十三陵	（1）	（2）
花费的人力、物力、时间等	每年数万人修建，200多年的时间里从未间断		
结构布局及其代表的意义	像一棵大树		
相关文化内涵	按照中国古代的陵寝制度建造。皇帝渴望自己及子孙永远拥有无上的权力		
其他	雄伟、劳民伤财		

三 3人一组，每人选择上题表格中的（1）或（2）进行口头练习

1. 再听一遍听力文本第一部分，仿照本部分课文说一说该建筑的基本情况，如年代、位置、影响、用途、特色等。

请参考使用下面的结构：

- ……是……最大（高/早/原始/完美……）的……，（开始）修建（出现/产生/形成/建立……）于……
- 位于……的……是世界上……最……的……
- ……是……第一个（次/项……），也是唯一一个（次/项……）……
- 绝大多数……都……
- ……是……最为完整（出色/典型……）的……之一

2. 再听一遍听力文本第二部分，仿照本部分课文说一说该建筑的建造起因、经过，以及花费的人力、物力、时间等。

请参考使用下面的结构：
- 并不……，而是……

- 把……改（名）为……
- 包括……在内

3. 再听一遍第三部分，仿照本部分课文说一说该建筑的结构布局、意义、相关文化内涵及体现。

请参考使用下面的结构：
- ……像……
- ……和……一样，……也同样……
- 并不是……，而是……

4. 每组选出1人，把以上1—3题介绍过的内容综合起来，向本组或全体同学进行整体讲述，并说说自己的看法。（限时6分钟，建议各组选择不同的建筑、古迹）

四 **请2—4位同学分别介绍一个自己熟悉的建筑，限时6分钟**

内容要求：1. 基本情况（如：年代、位置、影响、用途、特色等）。
     2. 建造起因、经过，以及花费的人力、物力、时间等。
     3. 建筑布局、特点、意义、相关文化内涵等。
     4. 你的看法。
表达要求：尽量使用本课的词语和相关结构。
参考题目：《我眼中的……》《我所了解的……》

第5课 合作优于竞争

听力录音

热身问题

1. 你的生活中竞争多吗？
2. 你愿意和别人合作吗？为什么？
3. 你认为对手之间是否可以合作？为什么？

第一部分（第一至五段）

词语

5-1

1	富翁	fùwēng	名	拥有大量财产的男人。
2	娶	qǔ	动	男子把女子接到家里来成亲。（跟"嫁"相对）
3	引用	yǐnyòng	动	把别人的言语、结论作为根据。
4	结论	jiélùn	名	从一定的前提中推出的结果。
5	独占	dúzhàn	动	独自占有。
6	无处不在	wúchù-búzài		什么地方都有。
7	拼	pīn	动	不顾一切地奋斗。
8	两败俱伤	liǎngbài-jùshāng		争斗的双方都受到损伤。
9	双赢	shuāngyíng		双方都得到好处。
10	谋	móu	动	设法寻求。

第 5 课　合作优于竞争

11	领域	lǐngyù	名	从事某一种专门活动或事业的范围。
12	插足	chāzú	动	比喻参与某种活动（多含贬义）。
13	望尘莫及	wàngchén-mòjí		只望见走在前面的人带起的灰尘而追赶不上，形容远远落后。
14	全力	quánlì	副	用全部力量或精力。
15	突破	tūpò	动	打破（困难、限制等）。
16	弱项	ruòxiàng	名	实力弱的项目。
17	整合	zhěnghé	动	通过整顿、协调使重新组合。
18	取长补短	qǔcháng-bǔduǎn		吸取别人的长处，来弥补自己的短处。
19	实力	shílì	名	实在的力量（多指军事、经济方面）。
20	尽释前嫌	jìnshì qiánxián		尽释：完全放下。嫌：仇恨，怨恨。把以前的怨恨完全丢开。
21	相当	xiāngdāng	副	很，十分。表示程度高。
22	转换	zhuǎnhuàn	动	改变，改换。
23	难以	nányǐ	动	不能，不易。
24	抗拒	kàngjù	动	抵抗并拒绝。

听力练习

5-2

一　听第一遍录音，判断正误

1. 一群人站在街上祈祷。　　　　　　　　　　　　　（　　）
2. 乞丐每天祈祷。　　　　　　　　　　　　　　　　（　　）
3. 一个乞丐祈祷没有竞争者。　　　　　　　　　　　（　　）
4. 竞争可能导致两败俱伤。　　　　　　　　　　　　（　　）
5. 无条件合作才能双赢。　　　　　　　　　　　　　（　　）
6. 合作可以取长补短。　　　　　　　　　　　　　　（　　）

7. 对手永远是敌人。 (　　)

8. 合作是商家最好的选择。 (　　)

二 听第二遍录音，选择正确答案

1. 下面哪一项是人们祈祷的内容？_____
   A. 中个大奖　　　　　　B. 娶富翁的女儿

2. 商家最大的愿望是什么？_____
   A. 独占市场　　　　　　B. 取长补短

3. 什么情况下，竞争双方都能都获得利益？_____
   A. 合作　　　　　　　　B. 斗争

4. 合作会带来更大的利益，但要以什么为基础？_____
   A. 自身强大　　　　　　B. 信任对方

5. 全力突破弱项可能会怎样？_____
   A. 导致平庸　　　　　　B. 取长补短

6. 什么情况下对手可能成为朋友？_____
   A. 竞争消失　　　　　　B. 有共同利益

三 根据录音中的解释，把号码填在相应的词语后面

1. 无处不在_____　　2. 望尘莫及_____　　3. 两败俱伤_____

4. 取长补短_____　　5. 尽释前嫌_____

四 根据录音回答问题

1. 文中有一个关于祈祷的笑话：

_____

_____

_____

2. 这个笑话引用到市场竞争中，反映的现象：
_____
_____
_____

口语练习

一　用所给词语完成句子

1. 全力

例 有时竞争还不如尽释前嫌，**全力**合作。

（1）他现在精力充沛，_____。

（2）对历史遗留的问题，我们_____。

2. 相当

例 **相当**多的人发现，只要转换角度，就可以获得双赢的结果。

（1）这次你们签了这么大的一笔合同，_____。

（2）这套百科全书的内容_____。

3. 难以

例 只要有强大的、**难以**抗拒的共同利益，昨天的对手今天就可能是朋友。

（1）他们吵架了，_____，现在还无法面对面地交流。

（2）记者采访时问的问题十分尖锐，涉及隐私，_____。

4. 抗拒

例 只要有强大的、难以**抗拒**的共同利益，昨天的对手今天就可能是朋友。

（1）这幅画具有无穷的魅力，_____都驻足欣赏。

（2）这个商店物美价廉、服务周到，消费者_____。

二 结合听力练习二回答问题，每题至少使用文章中的3个词语

> 竞争　　独占　　无处不在　　两败俱伤　　不如
> 彼此　　利益　　绝对　　望尘莫及　　突破　　资源
> 取长补短　　尽释前嫌

1. 商家在市场上没有竞争者，这可能吗？
   _____

2. 作者认为不合作有哪些弊端？
   _____

3. 作者认为合作有何益处？
   _____

三 用所给词语或句式表达

1. **有的……，有的……，有的……**

   解释　表示列举。

   例　一群人站在院子里祈祷。**有的**想成为富翁，**有的**想娶富翁的女儿，**有的**希望能生个小孩儿。

   （1）同学们在教室里学习。
   _____
   _____

   （2）人们在逛商场。
   _____
   _____

2. **有一个笑话（故事），……这个笑话（故事）引用到……中，可以反映这样的现象……**

   解释　引用一个笑话、故事，或一句名言、俗语等，说明一件事或一个道理。

   例　**有一个笑话**。一群人站在院子里……**这个笑话引用到**市场竞争**中，可以反映出这样的现象**，商家永远希望市场上没有竞争者，这样就可以独占市场、实现利益最大化。

第 5 课　合作优于竞争

(1) 讲一个你们国家流传的故事，并用它来说明一个道理。
_____
_____

(2) 讲一个社会现象，用它来说明一件事或一个道理。
_____
_____

3. 与其……，不如……
   解释 后一个选择优于前一个选择。
   例 与其在竞争中拼个你死我活、两败俱伤，不如在合作中求双赢、谋发展。
   (1) 老人和孩子都需要座位，你的座位会让给谁坐？
   _____
   _____

   (2) 你如何看待长生不死？
   _____
   _____
   _____

四　总结

结合上面第二、三题，简述在商业竞争中商家的最好选择。

五　扩展

1. 你同意"合作优于竞争"吗？为什么？
2. 你认为成功的合作需要具备哪些条件？为什么？

第二部分（第六至十二段）

词语

5-4

25	布料	bùliào	名	（～儿）做衣服等用的布。
26	争吵	zhēngchǎo	动	因某事而争论吵架。
27	爆发	bàofā	动	突然发生。
28	肯定	kěndìng	副	表示没有疑问，必定。
29	互不相让	hùbùxiāngràng		双方发生争执、冲突，互相不退让。
30	认输	rèn shū		承认失败。
31	竞相	jìngxiāng	副	互相争着（做某事）。
32	利好	lìhǎo	形	有利的，有益的。
33	远播	yuǎnbō	动	传播到很远的地方。
34	慕名而来	mùmíng'érlái		仰慕名声而来。
35	持续	chíxù	动	连续不断。
36	店铺	diànpù	名	商店。
37	凑巧	còuqiǎo	形	正好（多指时间上）。
38	清点	qīngdiǎn	动	清理查点。
39	暗道	àndào	名	隐蔽、不露在外面的通道。
40	相通	xiāngtōng	动	事物之间互相连通。
41	咒骂	zhòumà	动	用恶毒的话骂人。
42	居然	jūrán	副	表示事情出乎意料。

第 5 课　合作优于竞争

听力练习

一　听第一遍录音，填空

　　如果哪一天，两个商店中的一个贴出"某商品_____美元"的广告，对面肯定马上贴出该商品_____美元的广告，然后_____美元的商店又会降低到_____美元，对面会继续换上新的降价牌子。

　　这样的价格战爆发时，两个老板_____，不断地降价，直到最后其中一人愿意_____。人们可不管谁输谁赢，_____跑到价格低的商店购买东西。

二　听第二遍录音，判断正误

1. 两家商店卖同类商品。　　　　　　　　　　　　　　　　（　　）
2. 两个老板常常吵架。　　　　　　　　　　　　　　　　　（　　）
3. 两个商店只发生过一次很严重的价格大战。　　　　　　　（　　）
4. 这里能买到便宜的东西，所以很多人都来。　　　　　　　（　　）
5. 三十多年后两个老板都去世了。　　　　　　　　　　　　（　　）
6. 后来两个商店归一人所有。　　　　　　　　　　　　　　（　　）
7. 两个商店原来的敌对竞争关系是假的。　　　　　　　　　（　　）

三　听第三遍录音，补充内容

1. 两家商店是竞争关系，爆发价格战是_____。

2. 来这里买东西的人越来越多，是因为这里的商品_____。

3. 两个商店"竞争"了_____年。

4. 后来，一个老板去世了，另一个老板也_____。

5. 两家店铺有暗道相通，而且两个老板是_____。

6. 两个老板的故事再一次证明了，竞争的双方_____会带来双赢的结果。

口语练习

一 用所给词语完成句子

1. 肯定

例 如果哪一天,两个商店中的一个贴出"某商品6美元"的广告,对面肯定马上贴出该商品5.9美元的广告。

(1)这么热的天穿这么厚的衣服,＿＿＿＿＿＿＿＿＿＿＿＿＿＿＿＿＿＿＿＿。

(2)她＿＿＿＿＿＿＿＿＿＿＿＿＿,就是在家里也会穿着精致昂贵的高档衣服。

2. 竞相

例 人们可不管谁输谁赢,竞相跑到价格低的商店购买东西。

(1)期盼已久的新书终于出版了,同学们＿＿＿＿＿＿＿＿＿＿＿＿＿＿＿＿＿＿＿。

(2)本市的最高建筑举行落成典礼,＿＿＿＿＿＿＿＿＿＿＿＿＿＿＿＿＿＿＿＿＿。

3. 持续

例 这样的日子一直持续了三十多年。

(1)丽丽从三点就开始发烧,现在七点了,＿＿＿＿＿＿＿＿＿＿＿＿＿＿＿＿＿＿。

(2)我们刚闻到这种气味时,鼻子会比较敏感,＿＿＿＿＿＿＿＿＿＿＿＿＿＿＿＿。

4. 凑巧

例 很凑巧,这两家店铺被同一个人买了下来。当这位新主人进行大清点时,发现两位老板的住房有一条暗道相通。

(1)我要约他明天见面,可＿＿＿＿＿＿＿＿＿＿＿＿＿＿＿＿＿＿＿＿＿＿＿,他明天有一个重要的客户必须要接待。

(2)经过一周的努力,她终于找到了那个证人,＿＿＿＿＿＿＿＿＿＿＿＿＿＿＿＿。

5. 居然

例 除此之外,更让人感到惊讶的是,这两个平时相互咒骂的老板居然是兄弟!

(1)他平常记忆力超人,但这次＿＿＿＿＿＿＿＿＿＿＿＿＿＿＿＿＿＿＿＿＿＿。

第 5 课　合作优于竞争

（2）他原来富可敌国，可现在已经身无分文，_____。

二　根据录音，结合本部分听力练习二、三说一说

1. 两家商店的基本情况是怎样的？

设　由于　爆发

_____
_____

2. 价格战的情况是怎样的？

贴　肯定　继续　互不相让　认输

_____
_____

3. 两家"竞争"的结果如何？

竞相　远播　慕名而来　持续

_____
_____

4. 三十多年后发生了什么事？

以……为由　先后　凑巧　清点　相通　除此之外　居然

_____
_____

5. 两兄弟合作的效果及启示。

表面上……，实际上……　无疑　各自　选择

_____
_____

三 根据场景，用所给词语或句式仿造句子，然后再自选一个话题用所给词语或句式表达

1. 常常……，而……更是家常便饭

例 由于同样都卖布料，两家的老板常常发生争吵，而爆发价格战更是家常便饭。

场景：到一个新的城市生活，常常绕路或迷路。

仿造：_____

自选：_____

2. 以……为由

例 后来，其中一家店的老板去世了，一周后，另一家的老板也以年纪大为由关了商店。

场景：一个人请假去旅行，理由是工作累了，需要放松一下。

仿造：_____

自选：_____

3. 除此之外，更让人……的是……

例 当这位新主人进行大清点时，发现两位老板的住房有一条暗道相通。除此之外，更让人感到惊讶的是，这两个平时相互咒骂的老板居然是兄弟！

场景：从来不交女朋友的哥哥恋爱了，而且那个女生是你的同学。

仿造：_____

自选：_____

4. 表面上……，实际上……

例 两兄弟表面上是在进行价格战争，实际上是在合作，最后无疑取得了双赢，将各自的商品一起卖了出去。

场景：一起工作的夫妻，对外面只说是普通同事。

第 5 课　合作优于竞争

仿造：＿＿＿＿＿＿＿＿＿＿＿＿＿＿＿＿＿＿＿＿＿＿＿＿
＿＿＿＿＿＿＿＿＿＿＿＿＿＿＿＿＿＿＿＿＿＿＿＿＿＿

自选：＿＿＿＿＿＿＿＿＿＿＿＿＿＿＿＿＿＿＿＿＿＿＿＿
＿＿＿＿＿＿＿＿＿＿＿＿＿＿＿＿＿＿＿＿＿＿＿＿＿＿

5. 再一次证明了……

例 两家老板的合作，再一次证明了，在商业竞争中，合作是竞争双方最好的选择。

场景：帮助了别人后，对方也会帮助你。

仿造：＿＿＿＿＿＿＿＿＿＿＿＿＿＿＿＿＿＿＿＿＿＿＿＿
＿＿＿＿＿＿＿＿＿＿＿＿＿＿＿＿＿＿＿＿＿＿＿＿＿＿

自选：＿＿＿＿＿＿＿＿＿＿＿＿＿＿＿＿＿＿＿＿＿＿＿＿
＿＿＿＿＿＿＿＿＿＿＿＿＿＿＿＿＿＿＿＿＿＿＿＿＿＿

四　总结

结合上面第二、三题，简述故事的经过、真相及启示。

五　扩展

你身边有看似竞争，实际是合作的例子吗？请详细说说。

第三部分（第十三至十九段）

词语

43	争辩	zhēngbiàn	动	争论，辩论。
44	高下	gāoxià	名	高低，优劣（用于比较双方的水平）。
45	不止	bùzhǐ	副	表示超出某个数目或范围。
46	善于	shànyú	动	在某方面具有特长。

47	领先	lǐngxiān		水平、成绩等处于前列。
48	慢吞吞	màntūntūn	形	缓慢的样子,动作非常慢。
49	趁机	chènjī	副	利用机会。
50	率先	shuàixiān	副	带头,首先。
51	……之余	……zhī yú		之后,过后。
52	反省	fǎnxǐng	动	回想自己的言行,检查其中的错误。
53	大意	dàyi	形	疏忽,不注意。
54	散漫	sǎnmàn	形	注意力分散,不集中。
55	全力以赴	quánlì-yǐfù		把全部力量都投入进去。
56	一口气	yìkǒuqì	副	不间断地(做某件事)。
57	检讨	jiǎntǎo	动	找出缺点和错误,并做自我批评。
58	稍许	shāoxǔ	副	稍微,有点儿。
59	宽阔	kuānkuò	形	宽广。
60	一时	yìshí	名	短时间,一会儿。
61	惺惺相惜	xīngxīng-xiāngxī		性格、志趣、境遇相同的人互相爱护、互相支持。
62	扛	káng	动	用肩膀承担。
63	接手	jiēshǒu	动	未做完的工作、任务等由别人接着做。
64	较力	jiàolì	动	比较能力、力量等。
65	情境	qíngjìng	名	情景,环境。
66	逐鹿	zhúlù	动	争夺,竞争。

第 5 课　合作优于竞争

听力练习

一　根据录音，选择正确答案

5-7

1. 第一次比赛_____赢了。

   A. 乌龟　　　　　　　B. 兔子

2. 兔子因为在_____睡着了，所以输了。

   A. 河边　　　　　　　B. 树下

3. 兔子失败是因为_____。

   A. 没有自信　　　　　B. 大意散漫

4. 乌龟第二次赢是因为_____。

   A. 跑得快　　　　　　B. 换路线

5. 兔子和乌龟因为_____，所以成了好朋友。

   A. 敬重对方的优点　　B. 害怕对方的优点

6. 整合所有的资源_____，结果会更好。

   A. 进行合作　　　　　B. 单打独斗

7. 当我们不再与竞争对手较力时，我们会_____更好。

   A. 心情　　　　　　　B. 表现

二　根据录音，判断正误

5-7

1. 它们总共跑了三次。　　　　　　　　　　　　　　　　　　（　　）
2. 第二次比赛和第三次比赛的结果相同。　　　　　　　　　　（　　）
3. 第三次比赛乌龟取胜，是因为兔子凑巧不会游泳。　　　　　（　　）
4. 兔子和乌龟都善于总结经验教训。　　　　　　　　　　　　（　　）
5. 兔子在所有的比赛中都全力以赴，但有输有赢。　　　　　　（　　）
6. 最后一次比赛中，乌龟和兔子都帮助了对方。　　　　　　　（　　）
7. 兔子和乌龟合作后表现得更好，也更有成就感。　　　　　　（　　）

三 根据录音，搭配词语

1. 稍作 _____   2. 率先 _____

3. 深刻 _____   4. 整合 _____

5. 宽阔的 _____

口语练习

一 用所给词语完成句子

1. 不止

例 事实上，后来它们进行的比赛**不止**一场。

（1）他受伤了，_____。

（2）_____，我早就有所耳闻。

2. 趁机

例 首场比赛中，善于奔跑的兔子开始时遥遥领先，途中却决定在树下小睡稍作休息，而慢吞吞爬来的乌龟则**趁机**超过它，率先到达终点，成了冠军。

（1）经理肯定了小李的能力，_____。

（2）现在对方已经连输两球，_____。

3. 率先

例 首场比赛中，善于奔跑的兔子开始时遥遥领先，途中却决定在树下小睡稍作休息，而慢吞吞爬来的乌龟则趁机超过它，**率先**到达终点，成了冠军。

（1）老师带全班同学去爬长城，_____。

（2）_____，得到了奖励。

4. ……之余

例 兔子失望**之余**，深刻反省自己的自负、大意以及散漫。

联想 吃惊之余　感叹之余　欣喜之余　敬佩之余　苦闷之余　游玩之余
　　　讨论之余　创作之余　学习之余

第5课　合作优于竞争

（1）成功的瞬间，很少有人还能在＿＿＿＿＿，心平气和地总结经验教训。

（2）去世界各地旅行时，＿＿＿＿＿＿＿＿＿＿＿＿＿＿＿＿＿＿＿＿＿。

5. 一口气

例 这次，兔子全力以赴，从头到尾，一口气跑完，把乌龟落下好几公里。

（1）妈妈一看这封长信是七岁的儿子写给自己的，很好奇，＿＿＿＿＿＿。

（2）他是一个性急的人，总希望＿＿＿＿＿＿＿＿＿＿＿＿＿＿＿＿＿。

6. 稍许

例 这下该乌龟好好检讨了，它想清楚了自己失败的原因，于是要求在另一条稍许不同的路线上再来一场比赛，兔子同意了。

（1）大家调查了一下，发现他说的＿＿＿＿＿＿＿＿＿，但基本上都是事实。

（2）对于面临绝境的人，你＿＿＿＿＿＿＿＿＿＿，他都会一生感激不尽。

7. 一时

例 出发后，兔子一直快速前进，直到碰到一条宽阔的河流，而比赛的终点就在河的对面，兔子一时不知怎么办才好。

（1）他从昏迷中醒来，＿＿＿＿＿＿＿＿＿＿＿＿＿＿＿＿＿＿＿＿＿。

（2）经济急速衰退，＿＿＿＿＿＿＿＿＿＿＿＿＿＿＿＿＿＿＿＿＿＿。

二 根据提示进行语段练习

1. 第一场比赛的起因及经过。

   争辩　高下　善于　领先　……，而……　趁机　率先

   ＿＿＿＿＿＿＿＿＿＿＿＿＿＿＿＿＿＿＿＿＿＿＿＿＿＿＿＿＿＿＿＿
   ＿＿＿＿＿＿＿＿＿＿＿＿＿＿＿＿＿＿＿＿＿＿＿＿＿＿＿＿＿＿＿＿

2. 兔子的反省及第二次比赛的经过。

   ……之余　反省　大意　散漫　全力以赴　一口气

   ＿＿＿＿＿＿＿＿＿＿＿＿＿＿＿＿＿＿＿＿＿＿＿＿＿＿＿＿＿＿＿＿
   ＿＿＿＿＿＿＿＿＿＿＿＿＿＿＿＿＿＿＿＿＿＿＿＿＿＿＿＿＿＿＿＿

3. 乌龟的检讨及第三次比赛的经过。

   该……了 稍许 快速 宽阔 终点 一时 不知怎么办才好 一路

   _____
   _____

4. 兔子和乌龟合作后的情况。

   这下子 惺惺相惜 合作 先是……，然后……，再次…… 终点
   比起 成就感

   _____
   _____

5. 这个故事说明的道理。

   整合 双赢 不再 较力 情境 逐鹿 表现

   _____
   _____

三 总结

结合上面第二题，简述兔子和乌龟合作前后的比赛情况及其启示。

第四部分　综合表达练习

一 在职场中、生活中，人们都可以通过合作实现双赢、和谐共处。有相同作用的因素还有：理解、宽容、尊重差异、尊重隐私、保持距离等。请从中选出两个，各写出8个相关的描述词语

（1）_____

（2）_____

第 5 课　合作优于竞争

二、对照课文，查找相关资料，对上题的（1）和（2）进行补充，完成下表

比较角度		影响和谐双赢的因素		
		合作	（1）	（2）
一个笑话、一个故事或一句话		乞丐祈祷自己是唯一的乞丐		
引出的观点		竞争无处不在，合作优于竞争		
观点的依据		每个个体总有些领域无法插足，或某些方面在对手面前望尘莫及。如果全力突破弱项，可能导致长项也变得平庸。这时，整合全部资源进行合作，可以取长补短，使双方获得更大的利益		
故事一	人物关系（亲友间）	两家商店的老板，他们是兄弟。表面上竞争，实际上合作		
	故事经过	经常爆发生价格战，大家竞相购买他们的商品。他们的商品总是能卖出去		
	启示	合作会给竞争双方带来意外的效果		

续表

比较角度		影响和谐双赢的因素		
		合作	（1）	（2）
故事二	人物关系（对手间）	兔子和乌龟。对手变成合作者		
	故事经过	开始时，比赛总是一输一赢，后来通过合作，双方都表现得更好，更有成就感		
	启示	整合所有的资源并且团队合作，才能双赢。最重要的是，不再与竞争对手较力，而开始在某一情境下合作逐鹿时，我们会表现得更好		
	其他			

三 3人一组，每人选择上题表格中的（1）或（2）进行口头练习

1. 再听一遍听力文本第一部分，仿照本部分课文，用一个笑话、一个故事或一句话，引出你的观点，并进行论证。

请参考使用下面的结构：
- 有的……，有的……，有的……
- 有一个笑话（故事）……这个笑话（故事）引用到……中，可以得出这样的结论……
- 与其……，不如……

第5课　合作优于竞争

2. 再听一遍第二部分，仿照本部分课文，说一个亲友之间的故事，说出故事的经过、启示。

请参考使用下面的结构：
- 常常……，而……更是家常便饭
- 以……为由
- 除此之外，更让人……的是……
- 表面上……，实际上……
- 再一次证明了……

3. 再听一遍第三部分，仿照本部分课文，说一个竞争双方转换角度前后的情况，及其启示。

请参考使用下面的结构：
- ……，而……
- 这下子，……
- 先是……，然后……，再次……

4. 每组选出1人，把以上1—3题介绍过的内容综合起来，向本组或全体同学进行整体讲述，并说说自己的看法。（限时6分钟，建议各组选择不同因素）

四　请2—4位同学分别介绍一个和谐相处、共同发展的故事，限时6分钟

内容要求：1. 用一个笑话、一个故事或一句话，引出你的观点，并进行论证。
　　　　　2. 以该条件为主题，说一个亲友之间的正面故事，说出故事的经过、启示。
　　　　　3. 说一个竞争双方转换角度前后的情况及其启示。
　　　　　4. 你的看法。
表达要求：尽量使用本课的词语和相关结构。
参考题目：《小议……》

第6课 爱一行，干一行

听力录音

热身问题

1. 你理想的工作是什么？为什么喜欢那个工作？
2. 你有最想做的事吗？是什么事？
3. 你觉得把兴趣变成工作有什么利与弊？

第一部分（第一至十段）

词语

6-1

1	张口	zhāng kǒu		张开嘴巴，一般是进食、说话等。
2	猜测	cāicè	动	推测，凭想象估计。
3	开业	kāi yè		商店、企业等开始进行业务活动。
4	生面孔	shēng miànkǒng		陌生的脸，表示没有见过或不熟悉的人。
5	圈子	quānzi	名	某个集体或活动的范围。
6	吻合	wěnhé	形	完全符合。
7	气质	qìzhì	名	指人的风貌气度。
8	差距	chājù	名	人或物之间的差别程度。
9	排除	páichú	动	把不符合条件的去掉。
10	不符	bùfú	动	不相合。

第6课　爱一行，干一行

11	相仿	xiāngfǎng	形	大致相同，相差不多。
12	连声	liánshēng	副	一声紧接一声。
13	叹服	tànfú	动	赞叹佩服。
14	起初	qǐchū	名	最初，起先。
15	玩乐	wánlè	动	玩耍游乐。
16	琢磨	zuómo	动	思索，考虑。
17	大半	dàbàn	数	过半数，大部分。
18	一连	yìlián	副	表示动作连续不断或情况连续发生。
19	手笔	shǒubǐ	名	指办事、用钱的气派。
20	攒动	cuándòng	动	拥挤着在一起晃动。
21	兴隆	xīnglóng	形	兴旺，发达。
22	火爆	huǒbào	形	热闹，红火。
23	客流	kèliú	名	在一定时间内进出的顾客。

听力练习

6-2

一　听第一遍录音，符合餐馆老板情况的画"√"，不符合的画"×"

1. 餐馆开在湖南　　（　　）　　2. 以前不认识作者　　（　　）
3. 推理分析能力强　（　　）　　4. 开过高级酒店　　　（　　）
5. 喜欢观察客人　　（　　）　　6. 学过心理学　　　　（　　）
7. 经常免费请客　　（　　）　　8. 餐馆生意不太好　　（　　）

6-2

二　听第二遍录音，选择正确答案

1. 作者是怎么认识餐馆老板的？_____
　　A. 朋友介绍的　　　　　　B. 去餐馆吃饭认识的

101

2. 老板对作者态度怎么样？_____
   A. 热情　　　　　　　　　　B. 冷淡

3. 老板怎么知道作者是朋友介绍来的？_____
   A. 朋友告诉他的　　　　　　B. 观察推理的结果

4. 在高级酒店打工时，老板工作之余一般做什么？_____
   A. 玩乐　　　　　　　　　　B. 研究客人

5. 为了更好地了解客人，老板做了什么？_____
   A. 开餐馆　　　　　　　　　B. 学心理学

6. 餐馆生意起初怎么样？_____
   A. 不太好　　　　　　　　　B. 还不错

7. 为了让生意好转，老板做了什么？_____
   A. 请亲友免费吃饭　　　　　B. 让亲友来消费

8. 老板请亲戚朋友吃了多长时间饭？_____
   A. 三天　　　　　　　　　　B. 十五天

9. 老板不再请人吃饭后，客流有什么变化？_____
   A. 增加　　　　　　　　　　B. 减少

三　根据录音中的解释，把号码填在相应的词语后面

6-3

1. 张口_____　　2. 排除_____　　3. 吻合_____　　4. 差距_____
5. 琢磨_____　　6. 手笔_____　　7. 攒动_____

四　根据录音回答问题

6-2

1. 作者最可能是_____。
   A. 记者　　　　　　　　　　B. 摄影师

2. 老板猜测的三个依据：

口语练习

一 用所给词语完成句子

1. 排除

例 既然能成为朋友，年龄和形象气质一定不会差距太大，排除掉工作不符的，与您年龄相仿、打扮也差不多的女士就是了。

（1）运动可以出汗，出汗可以_____，有利于美容养颜。

（2）检查结果出来了，_____，你放心吧！

2. 连声

例 我连声叹服。

联想 连声称赞　连声称妙　连声叫好　连声道谢　连声道歉　连声询问　连声追问　连声喊冤

（1）听说失散多年的儿子找到了，_____。

（2）在公平激烈的竞争中，李平又一次取得了胜利，_____。

3. 起初

例 我边吃边聊，老板说他起初在一些高级酒店里面打工，别人在工作之余玩乐休息，他只喜欢坐在酒店角落里观察来来往往的客人，琢磨他们的职业、心理和消费能力。

（1）明朝的都城_____，而是建在南京。

（2）她爱人想辞掉稳定的工作去经商，_____。

4. 依然

例 他看了看深夜**依然**客人坐满了大半的大厅……

（1）如果十年后＿＿＿＿＿＿＿＿＿＿＿＿＿＿＿＿＿＿＿＿＿＿，我就嫁给你。

（2）中国很多古老的习俗＿＿＿＿＿＿＿＿＿＿＿＿＿＿＿＿＿＿＿＿。

5. 一连

例 我请了亲戚朋友来店里吃饭，一日三餐都免费，**一连**吃了半个月。

（1）＿＿＿＿＿＿＿＿＿＿＿＿＿＿＿＿＿＿＿，他们已经瘦得皮包骨头了。

（2）这个孩子做起手工来很卖力，＿＿＿＿＿＿＿＿＿＿＿＿＿＿＿＿＿＿＿。

二 结合听力练习二回答问题，每题至少使用下面3个词语

> 热情　张口　愣　好奇　叹服　玩乐　观察
> 琢磨　依然　大半　深夜　起初　免费　理解
> 人头攒动　火爆　客流

1. 作者刚进餐馆时被吓到了，为什么？
   ＿＿＿＿＿＿＿＿＿＿＿＿＿＿＿＿＿＿＿＿＿＿＿＿＿＿＿＿＿＿＿＿

2. 餐馆老板打工时有什么喜好？后来怎么样？
   ＿＿＿＿＿＿＿＿＿＿＿＿＿＿＿＿＿＿＿＿＿＿＿＿＿＿＿＿＿＿＿＿

3. 餐馆开始时的生意怎么样？老板是如何应对的？
   ＿＿＿＿＿＿＿＿＿＿＿＿＿＿＿＿＿＿＿＿＿＿＿＿＿＿＿＿＿＿＿＿

4. 说说文中"我"的心理或感情变化的过程及原因。
   ＿＿＿＿＿＿＿＿＿＿＿＿＿＿＿＿＿＿＿＿＿＿＿＿＿＿＿＿＿＿＿＿

三 用所给词语或句式表达

1. 既然……，一定……

解释 某个前提得出一个确定的推论。

例 **既然**能成为朋友，年龄和形象气质**一定**不会差距太大。

（1）某人有女朋友后怎么过周末。
　　＿＿＿＿＿＿＿＿＿＿＿＿＿＿＿＿＿＿＿＿＿＿＿＿＿＿＿＿＿＿
　　＿＿＿＿＿＿＿＿＿＿＿＿＿＿＿＿＿＿＿＿＿＿＿＿＿＿＿＿＿＿

第6课　爱一行，干一行

（2）谈谈某人的性格并推出他一定会做的事。
_____
_____

2. 起初……，后来……
   解释 某一事物开始时的情况和后来的变化。
   例 起初生意也不好，后来想了点儿办法才好起来的。
   （1）你从事某一运动的情况。
   _____
   _____

   （2）你学汉语开始时的情况及后来的发展变化。
   _____
   _____

3. 自然……，但……
   解释 对某一情况给予肯定后，有意外或转折出现。
   例 请客自然是赔的，但这半个月里，任何时间店里面都是人头攒动、生意兴隆的样子，甚至还要等位排号。
   （1）夏天游泳池的情况。
   _____
   _____

   （2）两个相邻国家的文化，先肯定相似，再指出不同。
   _____
   _____

4. 不但（……）没/不……，反而……
   解释 情况的发展和常理相悖。
   例 请完半个月的客，我的客流不但一点儿没少，反而增加了。
   （1）手机功能越来越多，价格却越来越低。
   _____
   _____

105

（2）一个人天天吃很多肉，还不运动，却瘦了。

四 总结

结合上面第二、三题，简述餐馆老板的喜好及其为此做出的坚持和努力，再说说他扭转事业局面的过程。

五 扩展

1. 在研究客人方面，可以用"绞尽脑汁"来形容这个老板吗？为什么？
2. 你有没有什么喜好？有没有为其特别用心、绞尽脑汁？

第二部分（第十一至十七段）

词语

6-4

24	见不得光	jiànbudéguāng		不是正大光明的，多形容一些违背道德、法律的事。
25	私活儿	sīhuór	名	为赚钱而做的本职工作以外的工作，多指占用本职工作的时间。
26	秉着	bǐngzhe	动	本着，后接动作、行为的凭借或依据。
27	衣着	yīzhuó	名	指身上的穿戴，包括衣服鞋帽等。
28	言谈举止	yántán-jǔzhǐ		指人的言语行为。
29	极其	jíqí	副	非常。
30	随意★	suíyì	形	不加限制，不受约束。
31	宰客	zǎi kè		欺骗、敲诈顾客。

第6课 爱一行，干一行

32	万不得已	wànbùdéyǐ		实在没有办法，不得不这样。
33	根本	gēnběn	副	从头到尾，始终，全然（多用于否定式）。
34	一丝不苟	yìsī-bùgǒu		连最细微的地方也不马虎，形容办事十分认真。
35	整洁如新	zhěngjié-rúxīn		整齐洁净得像新的一样。
36	刺鼻	cìbí	形	气味浓烈，使人闻着不舒服。
37	反倒	fǎndào	副	反而。
38	厚实	hòushi	形	很厚。
39	明明	míngmíng	副	确实（下文意思往往转折）。
40	飘萍	piāopíng	名	一种浮在水面上的植物。
41	营生	yíngsheng	名	职业、工作。
42	细致	xìzhì	形	做事精细周密。
43	改行	gǎi háng		放弃原来的行业，从事新的行业。
44	实在	shízài	副	表示确认、的确。

听力练习

 一 听第一遍录音，填空

6-5

　　有段时间我特别喜欢用他的车，只因他和其他司机不太一样，永远穿着_____的白衬衫和蓝布裤子，头发梳得_____，说话礼貌，_____。车里永远_____，没有那种_____的车用香水味，反倒有_____的果香——每次我上车，他都会变魔术一样拿出一盒洗好的水果，_____地邀请我品尝。

二 听第二遍录音，判断正误

1. 很多"黑车"司机没有长远打算。　　　　　　　　　　　　　（　　）
2. 作者万不得已才坐那位司机开的"黑车"。　　　　　　　　　（　　）
3. 那位"黑车"司机衣着整洁，说话有礼貌。　　　　　　　　　（　　）
4. 那位"黑车"司机喜欢作者，所以为她准备了水果。　　　　　（　　）
5. 那位"黑车"司机非常用心，还特别考虑了女士的需求。　　　（　　）
6. 那位"黑车"司机做着他最想做的工作。　　　　　　　　　　（　　）

三 听第三遍录音，补充内容

1. "黑车"只能拉拉私活儿，是_____的。
2. "黑车"司机的想法一般都是"_____"，不会考虑很远。
3. 他的衣着总是_____，说话总是_____。
4. 他的营生像飘萍一样不稳定，但他却做得_____，因为他_____开车。

口语练习

一 用所给词语完成句子

1. 极其

例 这样的司机很多也都秉着"干一天算一天"的想法，衣着和言谈举止**极其**随意，不注意卫生，还宰客。

（1）这位艺术家我比较熟悉，_____。

（2）现今社会拜金的现象_____。

2. 万不得已

例 不是**万不得已**，我根本不愿坐这样的车。

（1）这是他最爱的传家之宝，_____。

（2）那个地区现在有暴乱，不安全，_____。

第 6 课　爱一行，干一行

3. 根本

例 不是万不得已，我根本不愿坐这样的车。

（1）能制造工具是人类和其他动物的_____。

（2）你们的实力这么强，_____。

4. 反倒

例 车里永远整洁如新，没有那种刺鼻的车用香水味，反倒有淡淡的果香。

（1）小李接受了你的道歉，你应该高兴啊，_____？

（2）将士们立下了汗马功劳，_____。

5. 明明

例 我叹服，问他为什么明明飘萍一样的营生，居然也做得这么细致用心。

（1）_____，为什么不承认？

（2）他就是故意为难她，_____，却非要她给现金。

6. 实在

例 我劝他改行，因为私车实在不合法。

（1）她虽然被骗得倾家荡产，但还是喜欢帮助别人，_____。

（2）做事踏实、为人诚恳的人，_____。

二 根据录音，结合本部分听力练习二、三说一说

1. 人们印象中"黑车"的常态。

见不得光　秉着　言谈举止　宰客　万不得已　根本

_____

_____

2. 作者喜欢的那辆"黑车"的情况。

只因　一丝不苟　整洁如新　刺鼻　反倒　品尝

_____

_____

3. "黑车"司机细致用心的表现。

一丝不苟　整洁如新　品尝　甚至　厚实　提供

_____

_____

三　根据场景，用所给词语或句式仿造句子，然后再自选一个话题用所给词语或句式表达

1. 然而……，只因……

例　不是万不得已，我根本不愿坐这样的车。然而有段时间我特别喜欢用这位私车司机的车，只因他和其他司机不太一样。

场景：他具备升职的条件却没有升职，唯一的原因是最近迟到过两次。

仿造：_____

_____

自选：_____

_____

2. 反倒

例　车里永远整洁如新，没有那种刺鼻的车用香水味，反倒有淡淡的果香。

场景：某人的作品很优秀，大家不欣赏却批评他。

仿造：_____

_____

自选：_____

_____

3. 明明……，居然……

例　我叹服，问他为什么明明飘萍一样的营生，居然也做得这么细致用心。

场景：某人脾气很大，却有很多人喜欢他。

仿造：_____

_____

自选：_____

_____

4. 不管怎么说，还是……

例 不管怎么说，将来我还是要开车的。
场景：别人劝你改变决定，但你态度很坚决。
仿造：＿＿＿＿＿＿＿＿＿＿＿＿＿＿＿＿＿＿＿
＿＿＿＿＿＿＿＿＿＿＿＿＿＿＿＿＿＿＿＿＿
自选：＿＿＿＿＿＿＿＿＿＿＿＿＿＿＿＿＿＿＿
＿＿＿＿＿＿＿＿＿＿＿＿＿＿＿＿＿＿＿＿＿

四 总结

结合上面第二、三题，简述"黑车"司机的常态，那位"黑车"司机与众不同的特质及表现。

五 扩展

1. 你坐过"黑车"吗？感觉怎么样？
2. 你觉得"黑车"有存在的必要吗？
3. 你们国家也有"黑车"吗？

第三部分（第十八至二十五段）

词语

6-6

45	不必★	búbì	副	表示事理上或情理上不需要。
46	期许	qīxǔ	动	期望（用于长辈对晚辈）。
47	迟疑	chíyí	形	拿不定主意，犹豫。
48	许久	xǔjiǔ	形	时间长。
49	头绪	tóuxù	名	事情的条理。

50	不然	bùrán	连	表示如果不是上文所说的情况，就会发生下文所说的情况。
51	干脆★	gāncuì	副	爽快，索性。
52	梦寐以求	mèngmèiyǐqiú		做梦都想得到，形容迫切希望。
53	义无反顾	yìwúfǎngù		在道义上只有勇往直前，绝不退缩回头。
54	宁愿★	nìngyuàn	副	宁可。表示比较两方面的利害得失后所选取的一面。
55	极致	jízhì	名	最高境界，最大程度。
56	佼佼者	jiǎojiǎozhě	名	特别优秀、特别突出的人。
57	全情投入	quánqíng-tóurù		投入全部感情。
58	脱颖而出	tuōyǐng'érchū		比喻人的才能、本领全部显示出来。
59	奄奄一息	yǎnyǎnyìxī		形容呼吸微弱，快死了。
60	苟延残喘	gǒuyán-cánchuǎn		勉强拖延一口没断的气，比喻勉强维持生存（含贬义）。
61	绞尽脑汁	jiǎojìn-nǎozhī		费尽心思。
62	圆梦	yuán mèng		实现梦想或理想。
63	必然	bìrán	形	事理上确定不移的（与"偶然"相对）。
64	起码	qǐmǎ	形	最低限度的。
65	放肆	fàngsì	形	（言行）很随意，没有顾忌。
66	毕竟	bìjìng	副	终归，到底。
67	终极	zhōngjí	名	最终，最后。
68	救赎	jiùshú	动	拯救，赎救。

第6课　爱一行，干一行

听力练习

一　根据录音，选择正确答案

6-7

1. 作者认为这些学生在择业方面的表现_____。
   A. 很乐观　　　　　　　B. 不乐观

2. 学生们_____没有"最爱"的职业。
   A. 多数人　　　　　　　B. 少数人

3. 作者认为应该_____。
   A. 干一行，爱一行　　　B. 爱一行，干一行

4. 作者用_____形容无爱的工作。
   A. 奄奄一息　　　　　　B. 苟延残喘

5. 作者认为因喜爱而选择的工作_____。
   A. 值得尊重　　　　　　B. 不必考虑

二　根据录音，判断正误

6-7

1. 那个问问题的男生找到了答案。　　　　　　　　　　　　　　（　　）
2. 多数学生心中都没有梦寐以求、可以为之义无反顾的工作。　（　　）
3. 有人选择医生这个工作，因为他喜欢当医生。　　　　　　　（　　）
4. "喜爱"是把工作做到极致的前提条件。　　　　　　　　　　（　　）
5. 要在同行业中脱颖而出需要全情投入。　　　　　　　　　　（　　）
6. 选择喜爱的工作，也要成功了才有意义。　　　　　　　　　（　　）

三　根据录音，搭配词语

6-8

1. 动_____　　　　　　2. 上_____

3. 毫无_____　　　　　4. 必然_____

5. 终极_____

口语练习

一、用所给词语完成句子

1. 不必

例 如果现在给你一个机会，**不必**考虑收入、面子、家人的期许等许多客观条件，让你选择一项"最爱"的职业，你会选择什么？

（1）这次招标的竞争对手很少，_____。

（2）自从以卖画为生，虽然没有存下什么钱，但也_____。

2. 不然

例 有的人觉得翻译收入不错，有的人觉得医生受尊敬，**不然**干脆开个咖啡馆吧……

（1）不管父母愿不愿意，都要让孩子学会独立，_____。

（2）这个工程因为技术原因几次修改几次又停止，现在必须请来最好的设计师，_____。

3. 干脆

例 有的人觉得翻译收入不错，有的人觉得医生受尊敬，不然**干脆**开个咖啡馆吧……

（1）这个人不讲信用，_____。

（2）面对他的挑衅，_____。

4. 宁愿

例 似乎没有哪一份工作真的让他们觉得梦寐以求、义无反顾，甚至**宁愿**抛弃一切想要去做。

（1）如果改变不能有一个让人满意的结果，_____。

（2）古代的帝王地位尊贵、条件优越，但极度缺乏自由，所以_____。

第 6 课　爱一行，干一行

5. 必然

例 这并不一定是圆梦的必然条件，但起码会是成功的开始。

（1）长期吃高脂高糖的食品又缺乏锻炼_____。

（2）大家不认同的改革，实施起来_____。

6. 毕竟

例 毕竟具备生存价值和意义才是活着的终极目标，这是人类和动物的区别，也是自我救赎的最优方式。

（1）_____，不要总是那么任性，遇事要多考虑考虑。

（2）机器人确实能做很多事，_____。

二 根据提示进行语段练习

1. 说说作者的校园演讲经历。

   反问　不必　期许　让我……的是　包括……在内　迟疑　头绪

   _____

   _____

2. 关于职业选择，那些年轻人存在的问题。

   根本　不然　干脆　似乎　梦寐以求　义无反顾　宁愿

   _____

   _____

3. "爱"对工作的重要程度。

   老话说　极致　佼佼者　全情投入　脱颖而出　奄奄一息　苟延残喘

   _____

   _____

4. 喜好是否可以成为将来的一份工作？

   任何……都……　关键　只在于　是否　为此　绞尽脑汁　拼力一搏

   _____

   _____

5. 因"爱"而拼力工作的意义。

必然　起码　话又说回来　即使……，亦……　毕竟　区别　救赎

_____

_____

三　总结

结合上面第二题，简述作者的经历、其发现的问题，进而讨论一下该特质对工作的重要性和意义。

第四部分　综合表达练习

一　想在竞争激烈的同行业中脱颖而出，需要具备很多条件。喜爱并全情投入是其中之一，可以让你离成功更近的，还有诚信、务实、毅力、忍耐力、坚定的信念、精准的判断力等特质。请从中选出两个，各写出8个相关的描述词语

（1）_____

（2）_____

二　对照课文，查找相关资料，对上题的（1）和（2）进行补充，完成下表

比较角度	影响成功的因素		
	喜爱并全情投入	（1）	（2）
例子一　人物	餐馆老板		
特质及表现	喜欢观察和研究别人，猜出作者是朋友介绍来的		

第 6 课　爱一行，干一行

续表

比较角度	影响成功的因素		
	喜爱并全情投入	（1）	（2）
对特质的坚持及努力	别人玩乐休息时，他观察和研究客人，并自费学习心理学		
事业局面扭转的过程	起初生意不好，他根据自己的研究，想到一个吸引顾客的办法：一连请亲友免费吃了半个月，让餐馆每天人头攒动，然后生意好转		
你的看法	叹服		
例子二　人物	"黑车"司机		
同行的常态	"干一天算一天"的想法；衣着和言行举止极其随意		
特质及表现	喜爱开车。人和车都整洁干净，并细心地在车上准备各种吃的、用的、玩的东西		
脱颖而出的原因	因为喜欢才选择这个工作，做事细致用心		
你的看法	叹服		
例子三　人物	"我"		
一次经历	校园演讲		

续表

比较角度	影响成功的因素		
	喜爱并全情投入	（1）	（2）
发现的问题	多数学生不知道自己最爱的职业是什么		
特质的重要性	喜爱是将工作做到极致、从同行中脱颖而出的前提；无爱的工作是苟延残喘		
特质的意义	成功的开始；自我救赎的最优方式		
其他			

三 3人一组，每人选择上题表格中的（1）或（2）进行口头练习

1. 再听一遍听力文本第一部分，仿照本部分课文说一个因具有该特质使自己的事业走出低谷、良性发展的人。请举例说一下他具有该特质的表现，对特质的坚持及努力，事业局面扭转的过程。

请参考使用下面的结构：
- 既然……，一定……
- 起初……，后来……
- 自然……，但……
- 不但（……）没/不……，反而……

2. 再听一遍第二部分，仿照本部分课文说一个因具有该特质在同行业中脱颖而出的人。要求说出同行业的常态，他与众不同的特质及表现，他脱颖而出的原因。

请参考使用下面的结构：
- 然而……，只因……
- 反倒……
- 明明……，居然……
- 不管怎么说，还是……

3. 再听一遍第三部分，仿照本部分课文说说你的一个经历，经历中发现的问题，该特质的重要性和意义。

请参考使用下面的结构：
- 让我……的是……
- 任何……都……
- 话又说回来……
- 即使……，亦……

4. 每组选出1人，把以上1—3题介绍过的内容综合起来，向本组或全体同学进行整体讲述，并说说自己的看法。（限时6分钟，建议各组选择不同的特质）

四 请2—4位同学分别介绍一个特质，限时6分钟

内容要求：
1. 说一个因具有该特质使自己的事业走出低谷、良性发展的人。要求说出他的表现，对特质的坚持及努力，扭转事业局面的过程。
2. 说一个因具有该特质在同行业中脱颖而出的人。要求说出同行业的常态，他与众不同的特质及表现，他脱颖而出的原因。
3. 说说你的一个经历、经历中发现的问题、该特质的重要性和意义。
4. 你的看法。

表达要求：尽量使用本课的词语和相关结构。

参考题目：《……的重要性》《……带你走近成功》

第7课 人可以最大限度地逼近真实

听力录音

热身问题

1. 你做过的最艰难的选择是什么？
2. 你有没有过做一件事，很辛苦但最后坚持下来了？
3. 你做过的最有意义的事是什么？

第一部分（第一至八段）

词语

7-1

1	限度	xiàndù	名	一定的范围或数量。
2	逼近	bījìn	动	靠近，接近。
3	有成	yǒuchéng	动	成功，有成就。
4	大展宏图	dàzhǎn-hóngtú		展：把画卷打开，指实现。宏图：宏伟远大的谋略、计划。比喻放手实施宏大的计划或抱负。
5	半成品	bànchéngpǐn	名	在生产过程中没有全部完成，需要进一步加工的产品。
6	原委	yuánwěi	名	事情从头到尾的经过。
7	富豪	fùháo	名	有钱又有权势的人。
8	集……之大成	jí……zhī dàchéng		集中某类事物的各方面，达到相当完善的程度。

120

9	心血	xīnxuè	名	心思和精力。
10	视若珍宝	shìruò-zhēnbǎo		将其当成无价之宝，形容十分珍爱。
11	壮士	zhuàngshì	名	勇士，意气豪壮而勇敢的人。
12	勉为其难	miǎnwéiqínán		勉强去做能力达不到或不愿做的事。
13	连夜	liányè	副	当天夜里（就做某事）；接连几夜（做某事）。
14	依样画葫芦	yī yàng huà húlu		照葫芦的样子去画葫芦，比喻单纯模仿，不加改变。
15	造福	zàofú	动	给人带来幸福。
16	稳当	wěndang	形	做事稳重妥当。
17	外行	wàiháng	形/名	非专业的。/非专业的人。（与"内行"相对）
18	错漏	cuòlòu	动	错误和遗漏。
19	冲天火光	chōngtiān huǒguāng		形容火势极大。
20	灰烬	huījìn	名	物品燃烧后的剩余物。
21	抄录	chāolù	动	照着原稿抄写下来。
22	鸡肋	jīlèi	名	鸡的肋骨，比喻没有多大价值而又不忍舍弃的事物。
23	方剂	fāngjì	名	药方。
24	订正	dìngzhèng	动	修正，改正（多是文字、计算中的错误）。
25	愈加	yùjiā	副	更加，越发。
26	面目全非	miànmù-quánfēi		样子完全不同了。形容改变得不成样子（多含贬义）。
27	炯炯	jiǒngjiǒng	形	形容明亮（多用于目光）。

听力练习

一 听第一遍录音，符合壮士情况的画 "√"，不符合的画 "×"

7-2

1. 是作者的祖父　　　　（　　）　　2. 很有毅力　　　　　　　（　　）
3. 救了一个富豪　　　　（　　）　　4. 有两本祖传的医书　　　（　　）
5. 向富豪借过一次医书　（　　）　　6. 想用医书挣钱　　　　　（　　）
7. 他的医书没人敢用　　（　　）　　8. 他成功了　　　　　　　（　　）

二 听第二遍录音，选择正确答案

7-2

1. 曾祖父交给祖父的是什么？_____
   A. 一件完成品　　　　　　B. 一件半成品

2. 曾祖父不自己做的原因是什么？_____
   A. 时间不够　　　　　　　B. 能力不够

3. 富豪是怎么对待医书的？_____
   A. 视若珍宝　　　　　　　B. 常拿出来炫耀

4. 壮士借医书时，富豪_____地答应借书三天。
   A. 痛痛快快　　　　　　　B. 勉为其难

5. 壮士拿到医书后，由什么人抄录下来？_____
   A. 壮士自己　　　　　　　B. 壮士请的外行人

6. 富豪的医书原件后来怎么样了？_____
   A. 变成鸡肋　　　　　　　B. 化为灰烬

7. 抄录的医书不能治病救人，是因为_____。
   A. 错漏很多　　　　　　　B. 病人很少

8. 后来有人对医书进行订正吗？_____
   A. 有　　　　　　　　　　B. 没有

9. 两册抄录的医书流传多年后，情况怎么样了？_____
   A. 更正一新　　　　　　　B. 面目全非

第 7 课　人可以最大限度地逼近真实

三　根据录音中的解释，把号码填在相应的词语后面

7-3

1. 造福_____　　2. 稳当_____　　3. 错漏_____

4. 订正_____　　5. 大展宏图_____　　6. 勉为其难_____

7. 面目全非_____　　8. 目光炯炯_____

四　根据录音回答问题

7-2

介绍祖父的情况及曾祖父的交代：

_____

_____

_____

_____

口语练习

一　用所给词语完成句子

1. 逼近

例　人可以最大限度地逼近真实。

（1）猫_____，小鸟一点儿也没有发现，还在叽叽喳喳地叫个不停。

（2）这幅画作的艺术水平_____。

2. 集……之大成

例　江南一个富豪有两册古时传下的集无数医家心血之大成的医书，富豪视若珍宝，从来不拿出来给人看。

（1）布达拉宫_____，是藏式建筑的代表作，具有很高的建筑技艺。

（2）他一生都在研究营养保健，_____。

123

3. 视若……

例 江南一个富豪有两册古时传下的集无数医家心血之大成的医书，富豪视若珍宝，从来不拿出来给人看。

联想 视若路人　视若神明　视若无人　视若无睹　视若无物　视若罔闻
　　　视若掌上明珠　视若洪水猛兽

（1）他们分手后，＿＿＿＿＿＿＿＿＿＿＿＿＿＿＿＿＿＿＿＿＿＿＿＿＿。

（2）这种现象极其常见，＿＿＿＿＿＿＿＿＿＿＿＿＿＿＿＿＿＿＿＿＿。

4. 连夜

例 壮士拿到书后，请人连夜赶抄医书，总算在规定时间之内依样画葫芦地描了下来。

（1）收到订单后，他顾不上休息，＿＿＿＿＿＿＿＿＿＿＿＿＿＿＿＿＿。

（2）将军唯恐事情有变，＿＿＿＿＿＿＿＿＿＿＿＿＿＿，派士兵送往京城。

5. 愈加

例 流传过程中每一个抄写的人都依照自己的理解，将它订正改动一番，最后闹得愈加面目全非。

（1）这件事看似微不足道，却能决定我们的成败，＿＿＿＿＿＿＿＿＿＿＿。

（2）交通事故发生率越来越高，＿＿＿＿＿＿＿＿＿＿＿＿＿＿＿＿＿＿。

二 结合听力练习二回答问题，每题至少使用下面3个词语

大展宏图	半成品	心血	趁机	勉为其难	规定
依样画葫芦	造福	严谨	错漏试验	急急	化为灰烬
例外	从此	丢弃	订正	面目全非	

1. 曾祖父为什么让祖父做这件事？
＿＿＿＿＿＿＿＿＿＿＿＿＿＿＿＿＿＿＿＿＿＿＿＿＿＿＿＿＿＿＿＿＿＿

2. 富豪怎么对待家藏的医书？为什么会出借？
＿＿＿＿＿＿＿＿＿＿＿＿＿＿＿＿＿＿＿＿＿＿＿＿＿＿＿＿＿＿＿＿＿＿

3. 壮士拿到书后做了什么？
＿＿＿＿＿＿＿＿＿＿＿＿＿＿＿＿＿＿＿＿＿＿＿＿＿＿＿＿＿＿＿＿＿＿

4. 抄录的医书出现了什么问题?

5. 壮士又去借书了吗? 结果如何?

6. 两册抄录的医书流传多年后结果怎样?

三 用所给词语或句式表达

1. ……正要……之际

解释 在某一时刻或时期出现了新情况。

例 他祖父小的时候很聪明,也很有毅力,学业有成,正要大展宏图之际,曾祖父将他叫了去,拿出一个盒子,对他说……

(1) 上班要打车时,朋友开车在你身边停了下来。

(2) 思考问题正想放弃时,看到或听到一件事给了你启发。

2. 要是……,不如……

解释 设想的情况下,后面的情况优于前面的情况。

例 我要是交给你一个半成品,不如让你从头开始。

(1) 两个城市比较,你更愿意在哪个城市生活。

(2) 学习语言时你更愿意多说还是多写。

3. 原委是这样的……

解释 用这句话作开头,讲述一件事情从头到尾的经过。

例 原委是这样的。早年间,江南一个富豪有两册古时传下的集无数医家心血之大成的医书……

(1) 小时候你受到表扬的一件事。

(2) 你购买某个电子产品的原因和经过。

4. 谁知……,竟然……

解释 某一基本确定的情况出现了意外。

例 谁知,抄好的医书拿给医家一看,竟然是不能用的。

(1) 你请假出去玩儿,本来觉得老师不会批准,但老师居然批准了。

(2) 你在一个旅游城市大快朵颐后,发现很难找到洗手间。

5. 统统……,……自然也不例外

解释 所有情况一样,其中之一的某事物当然也包括在内。

例 可富豪家迎接他的是冲天火光,藏书已统统化为灰烬,那两本医书自然也不例外。

(1) 假期里你的同学都去做志愿者了,你同桌也去了。

(2) 你的朋友都喜欢打游戏,你最好的朋友也一样。

第 7 课　人可以最大限度地逼近真实

四　总结

结合上面第二、三题，简述文中故事的起因。(不少于3分钟)

五　扩展

1. 如果父母为你选择毕业后的工作，你会遵从吗？为什么？
2. 你了解中医吗？你相信中医还是相信西医？

第二部分（第九至十六段）

词语

7-4

28	校勘	jiàokān	动	用同一部书的不同版本，并综合有关资料，加以比较、核对，考订文字的异同，目的在于确定原文的正误。
29	死而复生	sǐ'érfùshēng		死了又活过来。
30	古籍	gǔjí	名	古书。
31	斟酌	zhēnzhuó	动	考虑事情、文字等是否可行或是否适当。
32	伴侣	bànlǚ	名	同伴、伙伴，多指夫妻。
33	不知所措	bùzhī-suǒcuò		措：安置，处理。不知道怎么办才好，形容处境为难或内心慌乱不安。
34	济世	jìshì	动	救济世人。
35	功用	gōngyòng	名	功能，用途。
36	催促	cuīcù	动	使赶快进行某事。
37	缘分	yuánfèn	名	相互发生联系的可能性。
38	牢牢	láoláo	形	紧紧，牢固。

39	三心二意	sānxīn-èryì		又想这样又想那样，犹豫不决。常指意志不坚定或用心不专一。
40	一事无成	yíshì-wúchéng		指什么事情都做不成，形容毫无成就（多用贬义）。
41	辜负	gūfù	动	使别人对自己的希望落空。
42	穷尽	qióngjìn	动	用尽、用完。
43	毕生	bìshēng	名	一生、终生。
44	整整	zhěngzhěng	副	达到一个整数的。
45	更正	gēngzhèng	动	改正已发表的谈话或文章中的错误。
46	一新	yìxīn	形	全新，完全变成新的。
47	临摹	línmó	动	模仿（书法、绘画等）。
48	图谱	túpǔ	名	按类编制的图集，多是根据实物描绘或摄制的图。
49	一一	yīyī	副	一个一个地。
50	核查	héchá	动	核对审查。
51	判定	pàndìng	动	判别断定。
52	采集	cǎijí	动	收集。
53	屡次	lǚcì	副	一次又一次。
54	晕厥	yūnjué	动	因某些原因导致脑部供氧不足，而短时间失去知觉。
55	出处	chūchù	名	（引文或典故的）来源。
56	查阅	cháyuè	动	为把有关内容查清楚，把书刊、文件等找出来阅读。
57	典籍	diǎnjí	名	记载古代法令、制度的重要文献，泛指古代图书。
58	验证	yànzhèng	动	通过实验使得到证实。

59	确凿	quèzáo	形	非常真实、确实。
60	按说	ànshuō	副	依照某个事实或情理来说。
61	博学	bóxué	形	学问丰富。
62	穷困艰窘	qióngkùn-jiānjiǒng		贫穷、窘迫，生活艰难。
63	不曾	bùcéng	副	没有过。（"曾经"的否定）

听力练习

一 听第一遍录音，填空

　　祖父没有辜负曾祖父的期望，穷尽毕生的精力，用了整整_____的时间，将甲书_____的错漏之处更正一新。书中临摹不清的药材图谱，他亲自到深山老林_____核查。无法判定正误的方剂，他_____百草熬成药汤，以身试药，_____晕厥在地。为了_____不知出处的引言，他查阅_____典籍……天文地理，古今中外，但凡书中涉及的知识，祖父都_____验证，直到确凿无疑。

二 听第二遍录音，判断正误

1. 曾祖父让祖父完成两本医书的校勘。　　　　　　　　　　（　　）
2. 祖父不知道该选哪本书，随手选择了甲书。　　　　　　　（　　）
3. 祖父亲自去山中核查书上的一些药材。　　　　　　　　　（　　）
4. 祖父经常请别人试药。　　　　　　　　　　　　　　　　（　　）
5. 祖父有时为验证一句话查阅无数典籍。　　　　　　　　　（　　）
6. 祖父治好了很多人的病，但一生穷困艰窘。　　　　　　　（　　）

三 听第三遍录音，补充内容

1. 曾祖父认为，校勘医书工程_____，一生无法校勘两本书。
2. 两本古籍的外表_____，都是宝蓝色的布面。
3. 两本书_____相同，_____的功用也是一样的。
4. 因为曾祖父催促，祖父_____点了上面的那一本书。
5. 曾祖父怕祖父_____，不让他再翻看对比。
6. 更正甲书的过程中，祖父都是亲力亲为，主要做了三方面的工作：一是核查药材图谱，二是_____，三是_____。
7. 祖父读了很多医书，却没有成为一代_____。

口语练习

一 用所给词语完成句子

1. 牢牢

例 他知道从这一刻起，这一个动作，就把自己的一生同一方未知的领域，同一个事业，同一种缘分，**牢牢**地粘在了一起。

（1）孩子还小，走路走不稳，所以_____。

（2）这篇课文他背了两个小时，_____。

2. 整整

例 祖父没有辜负曾祖父的期望，穷尽毕生的精力，用了**整整**半个世纪的时间，将甲书所有的错漏之处更正一新。

（1）长途跋涉后，这个十二岁的孩子疲惫不堪，_____。

（2）出发时间已经确定，_____，请大家把物资准备齐全。

3. 一一

例 书中临摹不清的药材图谱，他亲自到深山老林**一一**核查。

（1）经过多年的努力，这个地区的问题_____。

（2）实验中，他被毒蛇咬伤后奄奄一息，但还是坚持＿＿＿＿＿＿＿＿＿＿，为我们以后的研究留下了价值不菲的科学数据。

4. 屡次

例 无法判定正误的方剂，他采集百草熬成药汤，以身试药，**屡次**晕厥在地。

（1）今年天气异常，现在是盛夏，却＿＿＿＿＿＿＿＿＿＿＿＿＿＿＿＿＿＿＿。

（2）她想去外地工作，＿＿＿＿＿＿＿＿＿＿＿＿＿，可是老板都没有批复。

5. 不曾

例 他一生穷困艰窘，竟**不曾**用他验证过的神方医治过病人，获得过收益。

（1）你记错了，＿＿＿＿＿＿＿＿＿＿＿＿＿＿，他只参加过学校的游泳比赛。

（2）＿＿＿＿＿＿＿＿＿＿＿＿＿＿＿＿＿＿，这些都是她自己总结出来的。

二 根据录音，结合本部分听力练习二、三说一说

1. 曾祖父想让祖父做什么？

校勘　死而复生　浩大　从中

＿＿＿＿＿＿＿＿＿＿＿＿＿＿＿＿＿＿＿＿＿＿＿＿＿＿＿＿＿＿＿＿

＿＿＿＿＿＿＿＿＿＿＿＿＿＿＿＿＿＿＿＿＿＿＿＿＿＿＿＿＿＿＿＿

2. 祖父的选择过程。

一模一样　斟酌　终身　一时　随意　催促　随手　缘分　牢牢

＿＿＿＿＿＿＿＿＿＿＿＿＿＿＿＿＿＿＿＿＿＿＿＿＿＿＿＿＿＿＿＿

＿＿＿＿＿＿＿＿＿＿＿＿＿＿＿＿＿＿＿＿＿＿＿＿＿＿＿＿＿＿＿＿

3. 祖父对古籍中图谱、方剂、引言的处理方法。

临摹不清　亲自　核查　判定　采集　以身试药　屡次　出处　查阅

＿＿＿＿＿＿＿＿＿＿＿＿＿＿＿＿＿＿＿＿＿＿＿＿＿＿＿＿＿＿＿＿

＿＿＿＿＿＿＿＿＿＿＿＿＿＿＿＿＿＿＿＿＿＿＿＿＿＿＿＿＿＿＿＿

4. 祖父坚持校勘的过程。

辜负　穷尽　更正一新　但凡　一一　验证　确凿无疑

_____

_____

5. 祖父没有成为一代名医的原因。

按说　博学　穷困艰窘　验证　收益

_____

_____

三　根据场景，用所给词语或句式仿造句子，然后再自选一个话题用所给词语或句式表达

1. 看着……，一时……

例　祖父**看着**两本一模一样的宝蓝色布面古籍，斟酌许久，就像在两个陌生的美女之中挑选自己的终身伴侣，**一时**不知所措。

场景：她喜欢的人就微笑着站在她面前，她一下子不知道说什么好了。

仿造：_____

自选：_____

_____

2. 不让……，怕……

例　曾祖父把祖父选定的甲册交到他手里，把乙册收了起来，**不让**祖父再翻，**怕**祖父三心二意，最终一事无成。

场景：因为担心安全问题，不让孩子晚上出门。

仿造：_____

_____

自选：_____

_____

3. 但凡……，都……

例 天文地理，古今中外，但凡书中涉及的知识，祖父都用全部心血一一验证，直到确凿无疑。

场景：符合婚姻法的公民都可以结婚。

仿造：_____

自选：_____

4. 按说……，但是……

例 按说，祖父读了这么多医书，应该能成为一代名医，但是，祖父的博学只为校勘。他一生穷困艰窘，竟不曾用他验证过的神方医治过病人，获得过收益。

场景：她每晚只睡四个小时，但白天还是神采奕奕。

仿造：_____

自选：_____

四 总结

结合上面第二、三题，简述祖父选择的过程、努力坚持的经过。

五 扩展

1. 你觉得祖父这么做有意义吗？
2. 你会像祖父一样即使穷困艰窘，仍穷尽毕生精力做一件事吗？
3. 你身边有祖父这样的人吗？他们坚持做了什么事？情况是怎样的？

第三部分（第十七至二十九段）

词语

7-6

64	谬误	miùwù	名	错误，差错。
65	欢呼雀跃	huānhū-quèyuè		高兴得像鸟雀一样地跳跃。形容十分欢乐。
66	良方	liángfāng	名	好的药方。
67	敬佩	jìngpèi	动	敬重佩服。
68	发掘	fājué	动	把埋藏在地下的东西挖掘出来，也指把人们不容易发现的事物揭示出来。
69	出土	chūtǔ	动	（古器物等）被从地下挖出来。
70	古简	gǔjiǎn	名	古代写着字的竹片。
71	迫不及待	pòbùjídài		迫：紧急。急迫得不能再等待，形容心情急切。
72	凭借	píngjiè	动	依靠。
73	广博	guǎngbó	形	宽广博大（多指学识、胸怀等）。
74	缜密	zhěnmì	形	周密，细致（多指思维）。
75	加之	jiāzhī	连	加上。
76	异乎寻常	yìhū xúncháng		不同于平常。
77	直觉	zhíjué	名	未经充分逻辑推理的感性认识。
78	如同	rútóng	动	正像，好像。
79	漫长	màncháng	形	特别长，看不见尽头（多形容时间、道路等）。
80	烟消灰灭	yānxiāo-huīmiè		形容事物像烟和灰一样消失干净。

第 7 课　人可以最大限度地逼近真实

| 81 | 久久 | jiǔjiǔ | 副 | 相当长的时间。 |
| 82 | 叹息 | tànxī | 动 | 叹气。 |

听力练习

一　根据录音，选择正确答案

1. 医书订正后，人们_____。
   A. 欢呼雀跃　　　　　　B. 鸦雀无声

2. 订正的医书和出土的古简_____。
   A. 不太吻合　　　　　　B. 完全吻合

3. 祖父改正了医书中_____的错误。
   A. 所有　　　　　　　　B. 部分

4. 古墓出土了_____原件。
   A. 甲书　　　　　　　　B. 乙书

5. 祖父_____选择了甲书。
   A. 后悔　　　　　　　　B. 不后悔

6. 祖父订正这本医书_____意义。
   A. 有　　　　　　　　　B. 没有

二　根据录音，判断正误

1. 医书订正后，人们反应强烈。　　　　　　　　　　　　　（　　）
2. 人们的敬佩持续了很长时间。　　　　　　　　　　　　　（　　）
3. 祖父用半生的经历，创造了一个奇迹。　　　　　　　　　（　　）
4. 出土的古简与祖父校勘过的书，内容完全一致。　　　　　（　　）
5. 人们无法忘记祖父的努力。　　　　　　　　　　　　　　（　　）
6. 祖父已经去世。　　　　　　　　　　　　　　　　　　　（　　）
7. 祖父的努力说明了一个道理：人可以最大限度地逼近真实。（　　）

135

三 根据录音,搭配词语

1. 订正 _____　　　2. 造福 _____

3. 发掘 _____　　　4. 创造 _____

5. 化为 _____　　　6. 苦苦 _____

口语练习

一 用所给词语完成句子

1. 迫不及待

例 人们**迫不及待**地将祖父校勘过的甲书和原件相比较,结果是那样令人震惊。

(1) 猴子一看到香蕉,_____。

(2) 卖火柴的小女孩站在大街上,_____。

2. 凭借

例 祖父**凭借**自己惊人的智慧和毅力,以广博的学识和缜密的思维,加之异乎寻常的直觉,如同盲人摸象一般在黑暗中摸索,将甲书在漫长流传过程中产生的所有错误全部改正过来了。

(1) 对于在国外学习了十年的她来说,_____是再容易不过的了。

(2) _____,他一定会得到领导的赏识。

3. 加之

例 祖父凭借自己惊人的智慧和毅力,以广博的学识和缜密的思维,**加之**异乎寻常的直觉,如同盲人摸象一般在黑暗中摸索,将甲书在漫长流传过程中产生的所有错误全部改正过来了。

(1) 对生命的渴望,_____,终于让他苏醒了过来。

(2) 发自内心的喜爱,_____。

第7课　人可以最大限度地逼近真实

4. 苦苦

例 古书原件已出土，人们只记得古书，没有人再记得祖父和他苦苦寻觅的一生。

（1）张良拿到老人给的书后，_____，终于成为杰出的人才。

（2）_____，但董事长仍然不肯给他们机会。

5. 久久

例 讲到这里，朋友久久地沉默着。

（1）收到了北京大学寄来的录取通知书，_____。

（2）高端产品展示会结束时，_____。

二 根据提示进行语段练习

1. 祖父一生努力坚持的结果。

   到了……的时候，终于……　谬误　欢呼雀跃　持续　发掘
   迫不及待　吻合

   _____

   _____

2. 祖父订正之书和古墓出土之书完全吻合说明了什么？

   凭借……，以……，加之……　如同……一般　漫长　毕生
   奇迹

   _____

   _____

3. 人们对祖父的成就在态度上前后的变化、原因。

   欢呼雀跃　造福　敬佩　奇迹　烟消灰灭　出土　苦苦

   _____

   _____

4. 祖父穷尽毕生订正甲书的意义。

对……来说　说明　只要……，就……　全力以赴　逼近　足够

_____

_____

三 总结

结合上面第二题，简述祖父校勘的结局及意义。

第四部分　综合表达练习

一 人生要面对很多选择，选择专业、工作、爱人、生活方式等，或者选择放弃曾经的珍爱、一个长久的习惯等。请从中选出两个，各写出8个相关的描述词语

（1）_____

（2）_____

二 对照课文，对上题选出的两个选择进行补充，完成下表

比较角度	选择项目		
	本文	（1）	（2）
选择的原因	祖父要求		
背景故事	有两本珍贵的医书在流传过程中出现许多错漏之处		

续表

比较角度	选择项目		
	本文	（1）	（2）
选择的经过	开始时不知所措，后来随手一点，艰难而随意		
努力坚持的经过	穷尽毕生，去深山核查、亲身试药、查阅无数典籍		
结局	完全订正，但原件出土，导致劳而无功		
意义	证明人可以最大限度地接近真实		
你的想法	虽然祖父一生困苦、艰险无数，最后依然劳而无功，但意义重大		

三 3人一组，每人选择上题表格中的（1）或（2）进行口头练习

1. 再听一遍听力文本第一部分，仿照本部分课文详细说一说做出这个选择的原因。

请参考使用下面的结构：
- 正要……之际
- 要是……，不如……
- 原委是这样的……
- 谁知……，竟然……
- 统统……，……自然也不例外

2. 再听一遍第二部分，仿照本部分课文说一说选择过程、努力坚持的经过。

    请参考使用下面的结构：
- 看着……，一时……
- 不让……，怕……
- 但凡……，都……
- 按说……，但是……

3. 再听一遍第三部分，仿照本部分课文说一说坚持这个选择的结果及其意义。

    请参考使用下面的结构：
- 到了……的时候，终于……
- 凭借……，以……，加之……
- 如同……一般
- 只要……，就……

4. 每组选出1人，把以上1—3题介绍过的内容综合起来，向本组或全体同学进行整体讲述，并说说自己的看法。（限时6分钟，建议各组简述不同的选择）

四 请2—4位同学分别介绍自己、家人或朋友的一次选择，限时6分钟

内容要求：1. 原因、背景故事。
             2. 选择过程、坚持过程。
             3. 坚持这个选择的结果、意义。
             4. 你的看法。
表达要求：尽量使用课文的词语和相关结构。
参考题目：《一次重要的选择》《无悔的选择》

第8课 这种养老方式很潮

听力录音

热身问题

1. 你身边的空巢家庭多吗？
2. 你认为老人应该怎样生活？
3. 如果你老了，你要怎么生活？

第一部分（第一至六段）

词语

8-1

1	潮	cháo	形	新潮，时髦。
2	日趋	rìqū	副	一天一天地走向，渐渐变得。
3	半数	bànshù	名	总数的一半。
4	数据	shùjù	名	进行统计、计算等所依据的数值。
5	显示	xiǎnshì	动	明显地表现。
6	压抑	yāyì	动	对感情、力量等加以限制，使不能充分流露或发挥。
7	抑郁	yìyù	形	心中有愁闷的事而导致情绪低落、悲观。
8	糖尿病	tángniàobìng	名	慢性病，以血糖增高为主要特征，病因是胰腺中的胰岛素分泌不足。

141

9	态势	tàishì	名	事情发展的状态和形势。
10	基数	jīshù	名	用作对比基础的数值。
11	比重	bǐzhòng	名	一种事物在整体中所占的分量。
12	急速	jísù	形	非常快。
13	提升	tíshēng	动	提高（职位、等级等）。
14	预测	yùcè	动	预先推测或测定。
15	寻求	xúnqiú	动	寻找追求。
16	地域	dìyù	名	地区范围。
17	调配	diàopèi	动	调动分配。
18	致使	zhìshǐ	动	由于某种原因而使得。
19	转变	zhuǎnbiàn	动	由一种情况变到另一种情况。
20	大相径庭	dàxiāng-jìngtíng		相差很远，差别很大。
21	居住	jūzhù	动	较长时期地住在一个地方。
22	改善	gǎishàn	动	改变原有情况使好一些。

注 释

人口普查：国家在一定时间内，用统一的方法、统一的项目对全国人口普遍地、逐户逐人地进行的一次性调查登记。这是一项重要的国情调查，对国家管理、制定各项方针政策具有重要的意义。

听力练习

一　听第一遍录音，填入数字

老年人基数大是一个重要原因。中国的一次政府报告中提到，中国人口老龄化态势明显，_____岁以上人口占总人口的比重已经超过_____%，

第 8 课　这种养老方式很潮

老年人口比重高于世界平均水平。全国老龄委数据显示，从_____年到_____年，中国进入急速老龄化阶段，老年人口将从_____亿增加到_____亿，占比提升到_____%。据预测，到_____年，中国每_____个人里面就有1个老年人，那时候中国的老年人数量，将比英国、法国、德国、意大利、日本这5个发达国家的总人口加起来还要多。

二　听第二遍录音，选择正确答案

8-2

1. 目前，中国空巢情况如何？_____
   A. 日趋稳定　　　　　　　B. 日趋严重

2. 哪儿的空巢老人更多？_____
   A. 农村　　　　　　　　　B. 城市

3. 到2050年，中国空巢老人家庭将占有老人家庭的_____以上。
   A. 45%　　　　　　　　　B. 54%

4. 有专家发现，多少老人有孤独、压抑、心事无处诉说等问题？_____
   A. 近半数　　　　　　　　B. 超半数

5. 和2010年相比，2011年流动人口有何变化？_____
   A. 增加　　　　　　　　　B. 减少

6. 2011年，流动人口占中国总人口的比例是多少？_____
   A. 六分之一　　　　　　　B. 五分之一

三　根据录音中的解释，把号码填在相应的词语后面

8-3

1. 压抑_____　　2. 比重_____　　3. 寻求_____

4. 调配_____　　5. 转变_____　　6. 改善_____

四 根据录音回答问题

中国空巢问题形成的具体原因：

_____

_____

_____

_____

口语练习

一 用所给词语完成句子

1. 日趋

[例] 空巢问题**日趋**严重。

[联想] 日趋完善　日趋严重　日趋增强　日趋激烈　日趋稳定　日趋成熟
　　　日趋加剧　日趋复杂化

（1）随着矿产资源多年过度开发，_____。

（2）他随着年龄的增长，_____。

2. 致使

[例] 为寻求更好的工作机会、公司跨地域调配员工，**致使**很多人远离家乡。

（1）长时间的体力劳动，透支体力，_____。

（2）公司出现了财务问题，董事会不按照规定进行处理，_____。

3. 大相径庭

[例] 现代年轻人的价值观念、生活方式常常与父母**大相径庭**，父母和子女之间单方或双方更愿意独立居住生活，以享受更多自由。

（1）他向两个相关部门咨询情况，_____。

（2）关于婚姻制度，_____。

第 8 课　这种养老方式很潮

二　结合听力练习二回答问题，每题至少使用下面3个词语

> 半数　　相关　　显示　　调查　　压抑　　疾病　　基数　　急速
> 预测　　规模　　致使　　具备　　转变　　独立　　改善

1. 目前中国空巢现象严重吗？
   _____

2. 老人尤其是空巢老人最易出现什么问题？
   _____

3. 空巢问题原因一。
   _____

4. 空巢问题原因二。
   _____

5. 空巢问题原因三。
   _____

三　用所给词语或句式表达

1. **相关数据显示，……**
   解释　引用数据说明问题。
   例　相关数据显示，到2050年，中国空巢老人家庭将占有老人家庭的54%以上。

   （1）你们国家男性人口和女性人口的比例。
   _____
   _____

   （2）你们国家国际贸易进出口的情况。
   _____
   _____

2. 研究表明，……

解释 引用研究结果证明问题。

例 医学研究也表明，空巢老人最易出现老年抑郁和孤独，而抑郁症又会导致糖尿病、冠心病、高血压等生理疾病的发生。

（1）熬夜的害处。
___

（2）吸烟的致癌率。
___

3. 据预测，……

解释 引用一个预测的结果说明问题。

例 据预测，到2035年，中国每5个人里面就有1个老年人，那时候中国的老年人数量，将比英国、法国、德国、意大利、日本这5个发达国家的总人口加起来还要多。

（1）未来中国的发展。
___

（2）环境恶化的情况。
___

四 总结

结合上面第二、三题，简述空巢问题严重程度、对老人的危害、空巢形成原因。

五 扩展

你们国家空巢问题严重吗？你们国家的政府对这一问题是否关注？是否已采取改善措施？结果如何？

第8课 这种养老方式很潮

第二部分（第七至十八段）

词语

8-4

23	分居	fēnjū	动	分开生活。现多指夫妻双方保留婚姻关系而不共同生活。
24	无所事事	wúsuǒshìshì		前一个"事"：动词，做。后一个"事"：名词，事情。闲着什么事都不干。
25	相聊甚欢	xiāngliáo-shènhuān		相互之间交流很好，很投机。
26	萌生	méngshēng	动	开始发生、产生，有了某个念头（多用于抽象事物）。
27	提议	tíyì	动	开会或商讨问题时提出供大家讨论的意见。
28	赞同	zàntóng	动	赞成，同意。
29	拟定	nǐdìng	动	起草制定。
30	侃大山	kǎn dàshān		闲聊。
31	轮换	lúnhuàn	动	轮流替换。
32	开启	kāiqǐ	动	打开。
33	磨合	móhé	动	比喻互相在接触熟悉中逐渐相互适应、协调。
34	不时	bùshí	副	时时，经常不断地。
35	田间	tiánjiān	名	田地里，有时借指农村。
36	地头	dìtóu	名	（~儿）田地的两头。
37	摘	zhāi	动	取（植物的花、果、叶或戴着、挂着的东西）。
38	问及	wèn jí		问到。
39	分配	fēnpèi	动	按一定的标准或规定分（东西）。
40	轮流	lúnliú	动	依照次序一个接替一个。

41	按摩	ànmó	动	用手或器械来回摩擦、揉捏或敲打身体表面部分，用来调节身体状况。
42	盛行	shèngxíng	动	广泛流行。
43	开放	kāifàng	形	思想开通，不受拘束。
44	排解	páijiě	动	排除。
45	否则	fǒuzé	连	如果不是这样。
46	提前	tíqián	动	时间早于预计的。
47	纠纷	jiūfēn	名	争执的事情。
48	一致	yízhì	形	没有分歧，多指人的想法、态度、言行等一样。
49	体验	tǐyàn	动	通过实践来认识周围的事物，亲身经历。

听力练习

一 听第一遍录音，符合张恒发情况的画"√"，不符合的画"×"

8-5

1. 和爱人离婚了 （ ）　　2. 有一个儿子 （ ）
3. 现在退休了 （ ）　　4. 会打麻将 （ ）
5. 和其他老人住在一起 （ ）　　6. 喜欢他的伙伴们 （ ）
7. 住过一次院 （ ）　　8. 帮伙伴负担部分生活费用（ ）

二 听第二遍录音，补充内容

8-5

1. 张恒发退休后，整天_____，非常孤独。

2. 在打麻将之余，张恒发_____了4个人一起生活的想法，其他3人也很_____。

3. 提议的第_____天，他们就开始一起生活。

4. 他们每天在一起生活大概_____小时。

第8课　这种养老方式很潮

5. 4个人开始生活时也有一些问题，但＿＿＿＿＿了一个多月后，他们逐渐摸索出了规律。

6. 7月26日，老人们去农场感受农家生活，摘了一些＿＿＿＿＿。

7. 抱团养老可以在一定程度上＿＿＿＿＿儿女不在身边的寂寞。

8. 抱团养老不会产生纠纷，是因为经济上＿＿＿＿＿。

9. 抱团养老让老人在自由中体验到＿＿＿＿＿。

三　根据录音，搭配词语。

8-6

1. 按日 ＿＿＿＿＿　　　　2. 摸索 ＿＿＿＿＿

3. 轮流 ＿＿＿＿＿　　　　4. 排解 ＿＿＿＿＿

5. 产生 ＿＿＿＿＿　　　　6. 达成 ＿＿＿＿＿

口语练习

一　用所给词语完成句子

1. 不时

例 后来，不时有人申请加入，最后发展成了目前的13个人。

（1）在一个月的相处中，他＿＿＿＿＿＿＿＿＿＿＿＿＿＿＿＿＿＿＿。

（2）前进的途中，＿＿＿＿＿＿＿＿＿＿＿＿＿＿＿＿＿＿＿＿＿＿＿。

2. 排解

例 这种方式，在一定程度上排解了儿女不在身边的寂寞。

（1）他和女朋友是异地恋，＿＿＿＿＿＿＿＿＿＿＿＿＿＿＿＿＿＿。

（2）最近生意连连失败，＿＿＿＿＿＿＿＿＿＿＿＿＿＿＿＿＿＿＿。

149

3. 否则

例 这种抱团的方式，不会给老年人带来约束感，聊得来、玩得来就可以长期在一起，否则也可以选择退出。

（1）一位合格的教师必须深入掌握所教学科的专业知识，_____。

（2）人们的情绪理应受到道德的约束，_____。

二 根据听到的内容，结合本部分听力练习二、三，说一说

1. 抱团养老的起始情况。

   分居　无所事事　相聊甚欢　萌生　提议　赞同

   _____
   _____

2. 抱团养老的具体安排。

   拟定　日程　各回各家　按日轮换

   _____
   _____

3. 抱团养老的进展情况。

   开启　磨合　摸索　丰富　不时　发展

   _____
   _____

4. 抱团养老的丰富活动。

   感受　摘　餐桌　美食　负责

   _____
   _____

5. 抱团养老的益处及原因。

   分配　照顾　感受　排解　提前　纠纷　一致　体验

   _____
   _____

第8课　这种养老方式很潮

三　参照下面的例子，说说你一天的安排。

例 6：30到公园晨练，7：30吃早饭，早饭后看书、侃大山，12：00吃午饭，看电视，休息一会儿后，15：00打麻将或者做其他活动，19：00吃晚饭，然后各回各家睡觉。

你的安排：
_____
_____
_____
_____

四　总结

总结上面第二、三题，简述抱团养老的兴起、具体安排、进展情况、益处。

五　扩展

关于养老问题，你有什么好的建议吗？

第三部分　综合表达练习

一　社会是一个庞大的机构，自然存在很多问题，除养老问题外，另选出两个社会问题，各写出8个相关描述词语

（1）_____

（2）_____

二 对照课文，试对上题选出的两个社会问题进行补充，完成下表

比较角度	社会问题		
	养老问题	（1）	（2）
问题表现	老人空巢而居		
问题危害	据调查，40%的城市老人有孤独、压抑、心事无处诉说等问题。空巢老人最易发生老年抑郁和孤独，而抑郁症又会导致糖尿病、冠心病、高血压等生理疾病的发生		
问题原因	老年人基数大；流动人口多；观念转变、生活方式不同		
新气象	老人们抱团养老		
具体做法	白天一起生活、活动，晚上各自回家睡觉。每家一天负责做饭，按日轮换。费用AA制，有人生病大家轮流照顾		
优点	一定程度上排解了子女不在身边的寂寞；经济上事先约好，没有纠纷；和聊得来的人一起，在自由中体验互助和快乐		
你的看法			

第 8 课　这种养老方式很潮

三　分组学习，3人一组。每人选择上题表格中的（1）或（2）进行口头练习

1. 再听一遍听力文本第一部分，仿照本部分课文详细说一说问题的表现、危害、原因。

请参考使用下面的结构：
- 相关数据显示，……
- 研究表明，……
- 据预测，……

2. 再听一遍第二部分，仿照本部分课文说一说出现的新气象、具体做法、优点。

3. 每组选出1人，把以上1—2题介绍过的内容综合起来，向本组或全体同学进行整体讲述，并说说自己的看法。（限时5分钟，建议各组选择不同的问题）

四　请2—4位同学分别阐述一个自己国家的社会问题，限时5分钟

内容要求：1. 问题的表现、危害、原因。
　　　　　2. 出现的新气象、具体做法、优点。
　　　　　3. 你的看法。
表达要求：尽量使用课文的词语和相关结构。
参考题目：自拟

词语总表

A

暗道	àndào	5
按摩	ànmó	8
按说	ànshuō	7
按照	ànzhào	3

B

白白	báibái	3
半成品	bànchéngpǐn	7
半数	bànshù	8
伴侣	bànlǚ	7
保证	bǎozhèng	1
爆发	bàofā	5
本来	běnlái	1
逼近	bījìn	7
彼此	bǐcǐ	1
比重	bǐzhòng	8
必经之路	bì jīng zhī lù	4
必然	bìrán	6
毕竟	bìjìng	6
毕生	bìshēng	7
便利	biànlì	2
兵变	bīngbiàn	4
秉着	bǐngzhe	6
博学	bóxué	7
不必	búbì	6
不曾	bùcéng	7
不符	bùfú	6
不谋而合	bùmóu'érhé	2
不然	bùrán	6
不时	bùshí	8
不朽	bùxiǔ	4
不知所措	bùzhī-suǒcuò	7
不止	bùzhǐ	5
布局	bùjú	4
布料	bùliào	5

C

擦肩而过	cājiān'érguò	3
猜测	cāicè	6
采集	cǎijí	7
层层	céngcéng	3
差距	chājù	6
插足	chāzú	5
查阅	cháyuè	7
长眠	chángmián	4
抄录	chāolù	7

潮	cháo	8
扯	chě	2
趁机	chènjī	5
成就感	chéngjiùgǎn	1
持续	chíxù	5
迟疑	chíyí	6
冲天火光	chōngtiān huǒguāng	7
出处	chūchù	7
出土	chūtǔ	7
辞退	cítuì	3
刺鼻	cìbí	6
从此	cóngcǐ	4
从未	cóngwèi	4
凑不齐	còubuqí	2
凑巧	còuqiǎo	5
攒动	cuándòng	6
催促	cuīcù	7
存储	cúnchǔ	2
错过	cuòguò	2
错漏	cuòlòu	7

D

大半	dàbàn	6
打道回府	dǎdào huífǔ	3
大概	dàgài	1
大忌	dàjì	3
大相径庭	dàxiāng-jìngtíng	8
大意	dàyi	5
大展宏图	dàzhǎn-hóngtú	7
担任	dānrèn	1

导致	dǎozhì	2
地宫	dìgōng	4
地头	dìtóu	8
地域	dìyù	8
帝国	dìguó	4
帝王	dìwáng	3
典籍	diǎnjí	7
店铺	diànpù	5
调配	diàopèi	8
叮叮响	dīngdīng xiǎng	1
订正	dìngzhèng	7
栋梁	dòngliáng	3
都城	dūchéng	4
独占	dúzhàn	5
夺得	duódé	4

F

发动	fādòng	4
发掘	fājué	7
繁多	fánduō	3
繁杂	fánzá	4
反倒	fǎndào	6
反省	fǎnxǐng	5
反正	fǎnzhèng	1
方剂	fāngjì	7
放缓	fànghuǎn	3
放肆	fàngsì	6
非但	fēidàn	3
非凡	fēifán	4
纷纷	fēnfēn	2

分居	fēnjū	8
分配	fēnpèi	8
封闭	fēngbì	4
风情	fēngqíng	1
否则	fǒuzé	8
服侍	fúshì	4
富豪	fùháo	7
富丽堂皇	fùlì-tánghuáng	4
富翁	fùwēng	5
赴	fù	1
赴约	fùyuē	3

G

改行	gǎiháng	6
改善	gǎishàn	8
干脆	gāncuì	6
高度	gāodù	2
高高在上	gāogāo-zàishàng	4
高龄	gāolíng	2
高下	gāoxià	5
高效	gāoxiào	2
高薪	gāoxīn	3
各自	gèzì	4
根本	gēnběn	6
根据	gēnjù	2
根深叶茂	gēnshēn-yèmào	4
更正	gēngzhèng	7
宫殿	gōngdiàn	4
攻读	gōngdú	3
工匠	gōngjiàng	4
功用	gōngyòng	7
共识	gòngshí	2
苟延残喘	gǒuyán-cánchuǎn	6
辜负	gūfù	7
古籍	gǔjí	7
古简	gǔjiǎn	7
古往今来	gǔwǎng-jīnlái	3
故人	gùrén	2
故意	gùyì	3
观念	guānniàn	3
广博	guǎngbó	7
广泛	guǎngfàn	2
规划	guīhuà	3
过度	guòdù	2

H

汗马功劳	hànmǎ-gōngláo	3
好似	hǎosì	1
浩大	hàodà	4
和蔼可亲	hé'ǎikěqīn	3
核查	héchá	7
恨不得	hènbude	2
厚实	hòushi	6
互不相让	hùbùxiāngràng	5
互动	hùdòng	2
欢呼雀跃	huānhū-quèyuè	7
皇位	huángwèi	4
灰烬	huījìn	7
火爆	huǒbào	6

获赠	huò zèng	3

J

基本	jīběn	3
基数	jīshù	8
基于	jīyú	2
鸡肋	jīlèi	7
极其	jíqí	6
极为	jíwéi	3
极致	jízhì	6
急速	jísù	8
集……之大成	jí……zhī dàchéng	7
脊柱	jǐzhù	2
济世	jìshì	7
记性	jìxing	1
加之	jiāzhī	7
检讨	jiǎntǎo	5
见不得光	jiànbudéguāng	6
间断	jiànduàn	4
间隙	jiànxì	2
佼佼者	jiǎojiǎozhě	6
绞尽脑汁	jiǎojìn-nǎozhī	6
校勘	jiàokān	7
较力	jiàolì	5
接手	jiēshǒu	5
接着	jiēzhe	1
结论	jiélùn	5
金碧辉煌	jīnbì-huīhuáng	4
尽释前嫌	jìnshì-qiánxián	5
惊醒	jīngxǐng	1

精英	jīngyīng	2
敬佩	jìngpèi	7
竞相	jìngxiāng	5
炯炯	jiǒngjiǒng	7
纠纷	jiūfēn	8
久久	jiǔjiǔ	7
救赎	jiùshú	6
居然	jūrán	5
居住	jūzhù	8
举世闻名	jǔshì-wénmíng	4
绝对	juéduì	3
绝好	juéhǎo	2

K

开放	kāifàng	8
开启	kāiqǐ	8
开业	kāi yè	6
侃大山	kǎn dàshān	8
慷慨	kāngkǎi	1
扛	káng	5
抗拒	kàngjù	5
客流	kèliú	6
肯定	kěndìng	5
空白段	kòngbáiduàn	3
苦于	kǔyú	2
快捷	kuàijié	2
宽阔	kuānkuò	5
扩展	kuòzhǎn	2

L

来临	láilín	3

牢牢	láoláo	7
理财	lǐcái	2
理论	lǐlùn	2
利好	lìhǎo	5
联络	liánluò	2
连声	liánshēng	6
连夜	liányè	7
良方	liángfāng	7
两败俱伤	liǎngbài-jùshāng	5
谅解	liàngjiě	3
临摹	línmó	7
陵墓	língmù	4
陵寝	língqǐn	4
陵园	língyuán	4
领先	lǐngxiān	5
领域	lǐngyù	5
另外	lìngwài	1
轮换	lúnhuàn	8
轮流	lúnliú	8
屡次	lǚcì	7

M

漫长	màncháng	7
慢吞吞	màntūntūn	5
萌生	méngshēng	8
梦寐以求	mèngmèiyǐqiú	6
密藏	mìcáng	1
秘密	mìmì	4
勉为其难	miǎnwéiqínán	7
面目全非	miànmù-quánfēi	7

灭亡	mièwáng	4
民间	mínjiān	4
明明	míngmíng	6
谬误	miùwù	7
磨合	móhé	8
谋	móu	5
谋财害命	móucái-hàimìng	3
慕名而来	mùmíngérlái	5

N

难以	nányǐ	5
拟定	nǐdìng	8
年迈	niánmài	3
宁愿	nìngyuàn	6

O

偶尔	ǒu'ěr	3
偶遇	ǒuyù	3

P

排除	páichú	6
排解	páijiě	8
判定	pàndìng	7
片刻	piànkè	3
飘萍	piāopíng	6
拼	pīn	5
凭借	píngjiè	7
迫不及待	pòbùjídài	7

Q

期许	qīxǔ	6
启程	qǐchéng	1

词语总表

起初	qǐchū	6
起码	qǐmǎ	6
齐全	qíquán	2
气势	qìshì	4
气质	qìzhì	6
恰好	qiàhǎo	1
恰巧	qiàqiǎo	2
迁	qiān	4
前提	qiántí	3
亲吻	qīnwěn	1
清晨	qīngchén	1
清点	qīngdiǎn	5
情境	qíngjìng	5
穷尽	qióngjìn	7
穷困艰窘	qióngkùn-jiānjiǒng	7
趋势	qūshì	2
娶	qǔ	5
取长补短	qǔcháng-bǔduǎn	5
圈子	quānzi	6
全力	quánlì	5
全力以赴	quánlìyǐfù	5
全情投入	quánqíng-tóurù	6
确凿	quèzáo	7

R

热点	rèdiǎn	2
热议	rèyì	2
认输	rèn shū	5
日趋	rìqū	8
日益	rìyì	2
如此	rúcǐ	4
如今	rújīn	2
如同	rútóng	7
入选	rùxuǎn	3
弱项	ruòxiàng	5

S

三心二意	sānxīn-èryì	7
散漫	sǎnmàn	5
筛选	shāixuǎn	3
善于	shànyú	5
商讨	shāngtǎo	1
稍许	shāoxǔ	5
舍得	shěde	1
神道	shéndào	4
神秘	shénmì	4
生前	shēngqián	4
生面孔	shēng miànkǒng	6
盛行	shèngxíng	8
实力	shílì	5
实在	shízài	6
视若珍宝	shìruò-zhēnbǎo	7
式样	shìyàng	1
适用	shìyòng	2
试图	shìtú	4
手笔	shǒubǐ	6
守约	shǒu yuē	3
属于	shǔyú	1
数据	shùjù	8
率先	shuàixiān	5

双赢	shuāngyíng	5
私活儿	sīhuór	6
死而复生	sǐ'érfùshēng	7
似乎	sìhū	4
素养	sùyǎng	3
随时随地	suíshí-suídì	2
随手	suíshǒu	2
随意	suíyì	6
随着	suízhe	2
琐事	suǒshì	3

T

态势	tàishì	8
叹服	tànfú	6
叹息	tànxī	7
糖尿病	tángniàobìng	8
讨	tǎo	1
提前	tíqián	8
提升	tíshēng	8
提议	tíyì	8
体谅	tǐliàng	1
体验	tǐyàn	8
田间	tiánjiān	8
调侃	tiáokǎn	2
同行	tóngxíng	1
统筹	tǒngchóu	3
头绪	tóuxù	6
投缘	tóuyuán	2
投资	tóu zī	2
透	tòu	3

突破	tūpò	5
图谱	túpǔ	7
屠杀	túshā	4
托付	tuōfù	1
脱颖而出	tuōyǐng'érchū	6

W

外行	wàiháng	7
外套	wàitào	1
玩乐	wánlè	6
万不得已	wànbùdéyǐ	6
望尘莫及	wàngchén-mòjí	5
违反	wéifǎn	3
唯恐	wéikǒng	2
文武官员	wénwǔ guānyuán	4
文武兼备	wénwǔ-jiānbèi	3
稳当	wěndang	7
吻合	wěnhé	6
问及	wèn jí	8
无比	wúbǐ	2
无处不在	wúchù-búzài	5
无奈	wúnài	3
无上	wúshàng	4
无时无刻	wúshí-wúkè	2
无数	wúshù	2
无所事事	wúsuǒshìshì	8
无限	wúxiàn	2
无疑	wúyí	2

X

喜出望外	xǐchūwàngwài	1

词语总表

喜剧	xǐjù	1
细细	xìxì	1
细致	xìzhì	6
先后	xiānhòu	3
显示	xiǎnshì	8
限度	xiàndù	7
相当	xiāngdāng	5
相仿	xiāngfǎng	6
相聊甚欢	xiāngliáo-shènhuān	8
相识恨晚	xiāngshí-hènwǎn	2
相通	xiāngtōng	5
向来	xiànglái	4
项圈	xiàngquān	1
小心	xiǎoxīn	1
懈怠	xièdài	3
心血	xīnxuè	7
信奉	xìnfèng	3
信守	xìnshǒu	3
兴隆	xīnglóng	6
惺惺相惜	xīngxīng-xiāngxī	5
行程	xíngchéng	4
行宫	xínggōng	4
修建	xiūjiàn	4
修正	xiūzhèng	1
许久	xǔjiǔ	6
宣誓	xuānshì	3
血汗	xuèhàn	4
血腥	xuèxīng	4
寻求	xúnqiú	8

	Y	
压抑	yāyì	8
烟消灰灭	yānxiāo-huīmiè	7
言谈举止	yántán-jǔzhǐ	6
言下	yán xià	1
延续	yánxù	4
眼下	yǎnxià	2
奄奄一息	yǎnyǎnyìxī	6
验证	yànzhèng	7
阳间	yángjiān	4
遥遥	yáoyáo	4
要紧	yàojǐn	1
一一	yīyī	7
一事无成	yíshì-wúchéng	7
一致	yízhì	8
一口气	yìkǒuqì	5
一连	yìlián	6
一时	yìshí	5
一丝不苟	yìsī-bùgǒu	6
一新	yìxīn	7
衣着	yīzhuó	6
依赖	yīlài	2
依然	yīrán	4
依样画葫芦	yī yàng huà húlu	7
依照	yīzhào	4
椅垫套	yǐdiàntào	1
义无反顾	yìwúfǎngù	6
异国	yìguó	1
异乎寻常	yìhūxúncháng	7

161

意味	yìwèi	2
意想不到	yìxiǎngbúdào	2
抑郁	yìyù	8
阴间	yīnjiān	4
引用	yǐnyòng	5
赢得	yíngdé	3
营生	yíngsheng	6
应对	yìngduì	3
永世长存	yǒngshì-chángcún	4
有成	yǒuchéng	7
尤其	yóuqí	4
幼童	yòutóng	2
与世隔绝	yǔshì-géjué	4
预测	yùcè	8
预计	yùjì	3
愈加	yùjiā	7
预留	yùliú	3
缘分	yuánfèn	7
圆梦	yuán mèng	6
原委	yuánwěi	7
源于	yuányú	2
远播	yuǎnbō	5
晕厥	yūnjué	7

Z

宰客	zǎi kè	6
再三	zàisān	1
赞同	zàntóng	8
葬	zàng	4
早早	zǎozǎo	1
造福	zàofú	7
摘	zhāi	8
张口	zhāng kǒu	6
障碍	zhàng'ài	2
招聘	zhāopìn	3
斟酌	zhēnzhuó	7
缜密	zhěnmì	7
争辩	zhēngbiàn	5
争吵	zhēngchǎo	5
征调	zhēngdiào	4
整合	zhěnghé	5
整整	zhěngzhěng	7
整洁如新	zhěngjié-rúxīn	6
正好	zhènghǎo	1
正式	zhèngshì	3
支出	zhīchū	2
支着儿	zhīzhāor	2
……之余	……zhī yú	5
直觉	zhíjué	7
只见	zhǐ jiàn	3
至此	zhìcǐ	2
至今	zhìjīn	4
至少	zhìshǎo	3
致使	zhìshǐ	8
终极	zhōngjí	6
咒骂	zhòumà	5
蛛丝马迹	zhūsī-mǎjì	2
逐鹿	zhúlù	5
主编	zhǔbiān	1

词语总表

主干	zhǔgàn	4	自然而然	zìrán'érrán	2
主宰	zhǔzǎi	4	自言自语	zìyán-zìyǔ	1
铸	zhù	1	足够	zúgòu	2
转变	zhuǎnbiàn	8	足智多谋	zúzhì-duōmóu	3
转换	zhuǎnhuàn	5	钻研	zuānyán	3
装备	zhuāngbèi	2	琢磨	zuómo	6
壮士	zhuàngshì	7	遵从	zūncóng	4
资本	zīběn	3			
自古以来	zìgǔyǐlái	4			

博雅国际汉语精品教材
北大版长期进修汉语教材

博雅汉语听说·高级飞翔篇 I
听力文本及参考答案

Boya Chinese
Listening and Speaking (Advanced) I
Listening Scripts and Answer Keys

李晓琪　主编
刘晓雨　张彩侠　编著

北京大学出版社
PEKING UNIVERSITY PRESS

目录

第 1 课　妈妈的心 ……………………………………………………………… 1

第 2 课　手机 …………………………………………………………………… 6

第 3 课　守时如玉 ………………………………………………………………11

第 4 课　地下宫殿十三陵 ……………………………………………………… 16

第 5 课　合作优于竞争 ………………………………………………………… 21

第 6 课　爱一行，干一行 ……………………………………………………… 27

第 7 课　人可以最大限度地逼近真实 ………………………………………… 33

第 8 课　这种养老方式很潮 …………………………………………………… 39

第1课　妈妈的心

第一部分（第一至六段）

① 去年春天，我在美国西雅图附近上学，听说住在台湾的父母去泰国旅行，这一急，赶快拨了长途电话。

② 泰国其实全家人都去过，因为它的异国风情太美，总有人一有机会就去走一趟。我的父母也不是第一次去，可是他们那一回要去的是清迈。

③ 有一种项圈在台北就可以买到，只是价钱很贵。我看了几次都没舍得买，倒是在台湾南部旅行时，同行的好友齐豫很慷慨地借给我戴了好几次。那是前年，赴美之前的事情了。

④ 听说妈妈要去清迈，那儿正好是这种项圈出产的地方，我当然急着请求她一定要为我买回来，而且要多买几副好放着送人。

⑤ 长途电话中，做女儿的细细解释项圈的式样，做母亲的努力想象，讲了好久好久，妈妈说她大概懂了。

⑥ 启程之前，母亲为了这个托付，又打了长途电话来，这一回由她形容，我修正，一个电话又讲了好久好久。等到父母由泰国回来时，我又打电话去问买了没有，妈妈说买了三副，很好看又便宜，是台北价格的十八分之一。言下十分得意，接着她又形容了一遍，果然是我要的那种。

听力练习

一、听第一遍录音，判断正误

1. "我"和父母在不同的城市。　　　　　　　　　　（√）
2. 父母住在泰国。　　　　　　　　　　　　　　　（×）
3. "我"们全家都喜欢泰国。　　　　　　　　　　　（√）
4. 和"我"一同旅行的人很慷慨。　　　　　　　　　（√）

5. "我"请妈妈帮忙买一副项圈。　　　　　　　　　　　　　　（×）

6. 母亲很想办好这件事。　　　　　　　　　　　　　　　　（√）

7. 母亲买的项圈物美价廉。　　　　　　　　　　　　　　　（√）

二、听第二遍录音，选择正确答案

1. "我"现在是什么情况？　__A__
   A. 在上学　　　　　　　B. 在旅行

2. 父母以前去过泰国吗？　__A__
   A. 去过　　　　　　　　B. 没去过

3. 为什么"我"的家人都去过泰国？　__B__
   A. 总有机会去旅行　　　B. 那里异国风情很美

4. "我"为什么不在台北买项圈？　__B__
   A. 式样太少　　　　　　B. 价格太贵

5. 项圈是哪里出产的？　__B__
   A. 台北　　　　　　　　B. 清迈

6. 母亲怎么知道的"我"想要什么样的项圈？　__A__
   A. 听"我"解释　　　　B. 看照片

7. 第一次沟通后，母亲__B__知道了"我"要的式样。
   A. 清楚　　　　　　　　B. 大概

8. 母亲启程前又给"我"打电话是为了__B__项圈式样。
   A. 形容　　　　　　　　B. 确定

9. 母亲买了项圈后很得意，为什么？　__B__
   A. 买了很多　　　　　　B. 买得便宜

三、根据录音中的解释，把号码填在相应的词语后面

录音文本：①物品的样子。②恰好，刚巧。③交给别人照料或办理。④风土人情。⑤详细，仔细。⑥表示不很准确的估计。⑦愿意付出，不吝惜。⑧一起走。

1. 风情　__④__　　2. 舍得　__⑦__　　3. 同行　__⑧__　　4. 式样　__①__

5. 正好　__②__　　6. 细细　__⑤__　　7. 大概　__⑥__　　8. 托付　__③__

第二部分（第七至十二段）

⑦ 没过几天，我不放心，又打电话去告诉妈妈：这三副项圈最好藏起来，以免被家中其他的女人看到抢走了。妈妈一听很紧张，立即保证一定密藏起来，等我六月回来时再看。

⑧ 过了一阵，母亲节快到了，我早早寄了一张卡片送给伟大的母亲，又等待在当天，打电话去祝福、感谢我的好妈妈。正想着呢，台湾那边的电话却来了，我叫喊："母亲节快乐！"那边的声音好似做错了事情一样，说："女儿，项圈被妈妈藏得太好了，现在怎么找都找不到，人老了，容易忘记，反正无论如何是找不到了——"

⑨ 我一急，也不知体谅人，就在电话里说："你是个最伟大的妈妈，记性差些也不要紧，可是如果你找得出那些项圈来，一定更有成就感，快快去想呀——"

⑩ 那几天，为了这三副项圈，彼此又打了好几回电话，直到有一天清晨，母亲喜出望外的电话惊醒了我，说："找到了！找到了！""好，那你再去小心藏起来，不要被别人抢去，下个月我就回来了。"我跟母亲说。

⑪ 我回到台湾时，一放下行李，立刻向母亲喊："拿出来给我看看，我的项圈——"

⑫ 听见我讨东西，母亲轻叫一声，很紧张地往她卧室走，口中自言自语："完了！完了！又忘了这一回藏在什么地方了。"父亲看着这一场家庭喜剧，笑着说："本来是很便宜就买来的东西，被你们两个长途电话打来打去，价格都涨起来了，现在算算，这些电话费在台北可以买上十个了。"说着时，妈妈抱着一个椅垫套出来，笑得像小孩子一样，掏出来三副碰得叮叮响的东西。

听力练习

一、听第一遍录音，填空

听见我<u>讨</u>东西，母亲轻叫一声，很紧张地往她卧室走，口中<u>自言自语</u>："完了！完了！又忘了这一回藏在什么地方了。"父亲看着这一场家庭<u>喜剧</u>，笑着说："<u>本来是很便宜就买来的东西</u>，被你们两个长途电话打来打去，价格都<u>涨起来了</u>，现在算算，这些电话费在台北可以买上<u>十</u>个了。"说着时，妈妈抱着一个椅垫套出来，笑得像小孩子一样，掏出来<u>三副</u>碰得叮叮响的东西。

二、听第二遍录音，判断正误

1. 家中有女人要抢"我"的项圈。　　　　　　　　　　（×）
2. 母亲把项圈密藏了起来。　　　　　　　　　　　　（√）
3. 母亲节那天，妈妈找不到项圈了。　　　　　　　　（×）
4. 没过多久，母亲又把项圈找到了。　　　　　　　　（√）
5. "我"在母亲节那个月回了家。　　　　　　　　　　（×）
6. "我"一到家就向母亲要项圈。　　　　　　　　　　（√）
7. "我"又在台北买了十个项圈。　　　　　　　　　　（×）
8. 母亲给"我"项圈时非常开心。　　　　　　　　　　（√）

三、听第三遍录音，补充内容

1. 没过几天，"我"又给母亲打电话，让她<u>最好</u>把项圈藏起来，<u>以免</u>被别的女人抢走。
2. 担心母亲节前卡片到不了，我<u>早早</u>就寄了出去。
3. 妈妈打来电话时，她的声音<u>好似</u>做错了事一样。
4. 母亲把项圈藏丢了，<u>无论如何</u>是找不到了。
5. "我"太着急了，所以没有<u>体谅</u>母亲，催母亲快想想项圈藏哪儿了。
6. 为了项圈的事，那几天<u>彼此</u>又打了好几回电话。
7. 项圈<u>本来</u>买得很便宜，但为了它花了很多电话费。

第三部分（第十三至十七段）

⑬ 我立即把其中的一副寄去了美国，给了我的一个以色列朋友阿雅拉，另外两副恰好存下来，并拍了照片。

⑭ 上两个月吧，新象艺术中心又叫人去开会，再三商讨歌舞剧《棋王》的剧本。我穿了一件大毛衣，挂上其中一副项圈，把另一个放在大信封里。

⑮ 当我见到担任《棋王》主编的朋友时，我把信封递上去，果然给了这位美丽的女子好一个惊喜。当她上来亲吻我道谢时，我将外套一拉，露出自己戴着的一个，笑喊着："我们两个是一样的。"

第1课　妈妈的心

⑯ 三副项圈，其中的两副送了朋友。
⑰ 只留了一副下面铸成心形的项圈给自己，那是妈妈给的心，只能是属于孩子的。

（选自三毛《我的宝贝》，有删改）

听力练习

一、根据录音，选择正确答案

1. "我"的朋友阿雅拉在　A　。
   A. 美国　　　　　　B. 以色列

2. 有　B　项圈拍了照。
   A. 一副　　　　　　B. 两副

3. 歌舞剧《棋王》的剧本经过　A　商讨。
   A. 再三　　　　　　B. 三次

4. "我"有一个朋友　B　《棋王》的主编。
   A. 认识　　　　　　B. 担任

5. "我"递给主编　B　。
   A. 一封信　　　　　B. 一个信封

二、根据录音，判断正误

1. "我"拿到项圈后，立即送出去了一副。　　（ √ ）
2. 《棋王》的剧本还没有确定。　　　　　　（ √ ）
3. "我"让主编朋友从两条项圈中挑一个。　　（ × ）
4. 母亲为"我"在项圈下面铸了一个心形。　　（ × ）
5. 铸有心形的项圈"我"舍不得送给别人。　　（ √ ）

三、根据录音，搭配词语

1-8　录音文本：A. 主编　B. 心形　C. 剧本　D. 孩子　E. 商讨

1. 再三　E. 商讨　　2. 担任　A. 主编　　3. 属于　D. 孩子
4. 铸成　B. 心形　　5. 商讨　C. 剧本

第 2 课　　手　机

第一部分（第一至三段）

① 手机，无疑是科技送给人们的绝好礼物，它为人们的生活提供了无数的便利。2013 年 5 月，杨振宁先生在北京大学的一次活动上问："如果把爱迪生请来，在这个世界上生活一个礼拜，哪一个东西是他最意想不到的？"大家不谋而合地选择了同一个答案——手机。

② 手机，在现代生活中被广泛使用，上至七八十岁高龄的老人，下至三四岁的幼童，每天都会无数次地使用手机。现在手机的人均占有率已经达到了人手一机，甚至更多。

③ 手机除了联系沟通，还可以工作、学习、购物、交友，甚至投资理财、处理交通事故等，还真有点儿"一机在手，万事无忧"的意味。随着科技的发展，如今的手机已经不只是传统意义的联络工具了，它同时还是照相机、录音机、计算器、U 盘、钱包、词典……手机的功能无比强大，而且理论上还可以无限扩展。如果你有某方面的需要，而恰巧也有适用于你手机的软件，只要下载、安装，那么你的手机就多了一个功能。当然，条件是你的手机存储空间足够大。

听力练习

一、听第一遍录音，符合手机情况的画"√"，不符合的画"×"

1. 是一件新科技产品　　　　　　　　　　（√）
2. 爱迪生喜欢　　　　　　　　　　　　　（×）
3. 八十岁的老人也使用　　　　　　　　　（√）
4. 每人都有一部手机　　　　　　　　　　（×）
5. 可以购物　　　　　　　　　　　　　　（√）
6. 不能理财　　　　　　　　　　　　　　（×）

7. 手机也可以是词典　　　　　　　　　　　　　　　　（ √ ）
8. 手机的存储空间不受限制　　　　　　　　　　　　　（ × ）

二、听第二遍录音，选择正确答案
 1. 文章开头怎样评价手机？　**B**
    A. 麻烦的礼物　　　　　　　　　　B. 绝好的礼物
 2. 手机使用率如何？　**B**
    A. 除了老人和幼童，都使用　　　　B. 连老人和幼童都使用
 3. 手机普及率如何？　**A**
    A. 平均人手一机，甚至更多　　　　B. 每人都至少有一个手机
 4. 为什么说"一机在手，万事无忧"？　**B**
    A. 手机里朋友很多　　　　　　　　B. 手机里功能很多
 5. 手机的功能理论上还可以增加吗？　**A**
    A. 可以　　　　　　　　　　　　　B. 不可以

三、根据录音中的解释，把号码填在相应的词语后面
　　录音文本：①涉及的方面广，范围大。②适合使用。③没有穷尽，没有限量。④没有事先商量而彼此见解或行动完全一致。⑤非常好。⑥没想到，想象不到。⑦充足，没有欠缺。

1. 绝好　**⑤**　　　2. 足够　**⑦**　　　3. 广泛　**①**
4. 无限　**③**　　　5. 适用　**②**　　　6. 意想不到　**⑥**
7. 不谋而合　**④**

第二部分（第四至六段）

　　④ 十几年前，网上购物、网上交友、网上理财等网络活动还都需要我们坐在桌前，抱着电脑，扯着长长的网线进行。而现在，只要你有一部手机，哪怕它价值只有几百元，也可以让你在床上、路上、餐厅或野外，随时随地购物、交流和理财。

　　⑤ 18岁的乐乐是刚上大一的大学生，她最大的消费支出就是网上购物，她的网

购工具就是手机。乐乐从高中便开始在网上购物了，高中课程紧，没时间逛街，加上她要购买的物品多为和动漫有关的商品，在一般的商店很难找到，往往逛几天商场也凑不齐一套装备。而手机携带方便、无线上网的特点则给了她充分选购的机会，在饭桌前等待开饭的短短几分钟里她就能完成一次愉快的购物。

⑥ IT精英王晨，已经28岁了，却苦于工作繁忙，没有时间出去吃饭、约会，所以一直也没有女朋友。可是最近，王晨的同事们发现他有些异常，根据观察到的蛛丝马迹，他们确定——王晨恋爱了！原来，几周前值班时，王晨收到一个陌生女孩儿的短信："最近你过得好吗？"他好不诧异，随手回道："我很好，你呢？"于是，他们开始聊天儿。虽然后来发现对方不是故人，但二人很是投缘，颇有相识恨晚的感觉。互动几周后，二人确定了恋爱关系。现在，每天王晨恨不得吃饭、上厕所都抱着手机，唯恐错过女友发来的信息。眼下，两人的交往正日益亲密，大有要谈婚论嫁的趋势。王晨的朋友调侃道："你要感谢手机，你们全家都要感谢手机，没有手机你就不能认识你女朋友，没有手机你就不能在繁忙的工作间隙培养感情、享受爱情的甜蜜。"

听力练习

一、听第一遍录音，填空

　　IT精英王晨，已经28岁了，<u>却</u>苦于工作繁忙，没有时间出去吃饭、约会，<u>所以</u>一直也没有女朋友。<u>可是</u>最近，王晨的同事们发现他有些异常，<u>根据</u>观察到的蛛丝马迹，他们确定——王晨恋爱了！<u>原来</u>，几周前值班时，王晨收到一个陌生女孩儿的短信："最近你过得好吗？"王晨<u>好</u>不诧异，随手回道："我很好，你呢？"<u>于是</u>，他们开始聊天儿。<u>虽然</u>后来发现对方不是故人，<u>但</u>二人很是投缘，颇有相识恨晚的感觉。互动几周后，二人确定了恋爱关系。

二、听第二遍录音，判断正误

1. 十几年前，网购不如现在方便。　　　　　　　　（√）
2. 乐乐高中时不网购。　　　　　　　　　　　　　（×）
3. 乐乐选择网购，是因为商店里凑不齐装备。　　　（√）
3. 手机为乐乐网购提供了便利。　　　　　　　　　（√）
4. 王晨没有女朋友，所以不出去约会。　　　　　　（×）
5. 王晨的女朋友是朋友介绍的。　　　　　　　　　（×）

6. 王晨每天用手机和女朋友谈恋爱。　　　　（ √ ）

三、听第三遍录音，补充内容

1. 有了手机后，网购、网恋可以<u>随时随地</u>进行。
2. 乐乐经常网购是得益于手机<u>携带</u>方便、<u>无线上网</u>的特点。
3. 王晨<u>苦于</u>工作繁忙，一直单身。
4. 王晨和陌生女孩儿聊天儿时，有一种<u>相识恨晚</u>的感觉。
5. 王晨用手机和女孩<u>互动</u>了几周后，确定了恋爱关系。
6. 王晨<u>唯恐</u>错过女朋友发来的信息，所以<u>恨不得</u>吃饭、上厕所都抱着手机。
7. 王晨和女朋友的交往<u>日益</u>亲密，即将<u>谈婚论嫁</u>。
8. 王晨利用工作<u>间隙</u>，用手机和女朋友培养感情。

第三部分（第七至九段）

⑦ 手机的广泛使用和高度普及当然是源于其方便快捷、功能齐全的特点，但手机带来高效、便利的同时，也带来了一些问题。因为现代人对手机的喜爱和依赖，越来越多的人因长时间使用手机导致出现了视力下降、脊柱弯曲、失眠健忘、面对面沟通障碍等生理疾病和心理疾病。

⑧ 至此，如何克服手机病也就自然而然成了当今社会的热点议题之一。热议之后，大家达成一个共识："手机是个好东西，手机病是过度使用手机造成的，只要控制手机使用时间就可以了。"

⑨ 基于此共识，人们纷纷支着儿。有人说，把手机放到离我们远一点儿的地方，或者让我们的家人、亲友保管，就可以有效地减少手机的使用；也有人说，之所以手机使用得多，是因为它有上网功能，定时关闭网络，我们就不会无时无刻离不开手机了；还有人说，如果你过度使用手机，就惩罚一下自己，比如不给自己买喜欢的东西等。无论是"监督说"还是"关网说"，抑或是"惩罚说"，在我看来，其实用性好像都差了一些。那么，你有没有什么好办法？

（作者编辑整理）

听力练习

一、根据录音，选择正确答案

1. 手机给人们带来高效和便利，同时也带来了__B__。
   A. 幸福　　　　　　　　B. 疾病

2. 长期使用手机可能导致__A__问题。
   A. 心理　　　　　　　　B. 心脏

3. "如果过度使用手机，就不给自己买喜欢的东西"，属于__A__。
   A. "惩罚说"　　　　　　B. "监督说"

4. 作者认为人们提出的方法__B__。
   A. 很实用　　　　　　　B. 不实用

二、根据录音，判断正误

1. 人们太喜欢、太依赖手机，导致出现了手机病。　　　（√）
2. 人们已经开始关注手机病。　　　　　　　　　　　　（√）
3. 有人认为不给手机充电可以减少手机使用。　　　　　（×）
4. 有人认为定时关闭网络可以控制使用手机。　　　　　（√）
5. 有人认为自我惩罚是克服手机病的好方法。　　　　　（√）
6. 作者赞成人们支的着儿。　　　　　　　　　　　　　（×）

三、根据录音，搭配词语

录音文本：A. 共识　B. 疾病　C. 支着儿　D. 使用时间　E. 普及　F. 网络
　　　　　G. 使用

1. 广泛　__G. 使用__　　2. 高度　__E. 普及__　　3. 纷纷　__C. 支着儿__

4. 导致　__B. 疾病__　　5. 控制　__D. 使用时间__　6. 关闭　__F. 网络__

7. 达成　__A. 共识__

第3课 守时如玉

第一部分(第一至二段)

① 中国古代有一个故事,说的是一个叫张良的人。有一天,张良在桥上散步时偶遇一位年迈老人。只见老人故意把鞋扔到桥下,然后对他说:"小伙子,下去给我捡鞋!"目睹老人的行为,张良很诧异,但看老人年纪很大,就下桥去帮他把鞋捡了上来。老人非但没有就此感谢他,还要求张良帮他穿上,张良无奈,又按照他说的做了。老人穿上鞋后大笑而去,但片刻后又回头对张良说:"真是个值得教育的好孩子!5天后的早晨来这里和我见面。"张良既惊讶又好奇,很想知道老人为何约他见面,于是决定前去赴约。5天后的早晨,张良来到那座桥上,只见老人已经在桥上了。老人非常生气,说:"你迟到了,5天后再来。"5天后,张良天没亮就来到桥上,情况和第一次一样。第三次,张良半夜就到了桥上,过了好一会儿,老人来了。他看张良这次没有迟到,非常满意,就给了张良一本书,说:"你要好好钻研这本书,钻研透了,以后可以做帝王的老师。"张良刻苦攻读这本书,终于成为一个足智多谋、文武兼备的栋梁之材,并成为帝王的老师,为国家立下了汗马功劳。

② 这个故事告诉我们:守时,是机会来临时抓住机遇的那只手,不伸出这只手,机会就会和你擦肩而过;伸出这只手,你就离成功更近了一步。

听力练习

一、听第一遍录音,符合张良情况的画"√",不符合的画"×"

    1. 古代人　　　　　　　　　　(√)
    2. 是老人的故人　　　　　　　(×)
    3. 给老人捡了两次鞋　　　　　(×)
    4. 不想帮老人穿鞋　　　　　　(×)
    5. 给老人穿了鞋　　　　　　　(√)

博雅汉语听说·高级飞翔篇 I
听力文本及参考答案

6. 迟到了一次　　　　　　　　　　（ × ）
7. 前两次赴约都见到了老人　　　　（ √ ）
8. 第三次赴约没迟到　　　　　　　（ √ ）
9. 拜老人为师　　　　　　　　　　（ × ）
10. 后来成为帝王　　　　　　　　　（ × ）

二、听第二遍录音，选择正确答案

1. 张良和老人见面是　B　的。
   A. 约好　　　　　　　B. 偶遇
2. 老人的鞋掉到桥下，是老人　A　。
   A. 故意的　　　　　　B. 不小心
3. 张良帮老人穿鞋时，心情如何？　B　
   A. 感谢　　　　　　　B. 无奈
4. 老人为什么约张良见面？　B　
   A. 想让张良帮自己　　B. 想帮助张良
5. 张良为什么去赴约？　A　
   A. 惊讶又好奇　　　　B. 拿老人没办法
6. 张良第三次赴约才拿到书，是因为前两次　B　。
   A. 没见到老人　　　　B. 都去晚了
7. 守时是张良成功的一个条件吗？　A　
   A. 是　　　　　　　　B. 不是
8. 守时的作用是什么？　A　
   A. 抓住机会　　　　　B. 创造机会
9. 文章最想告诉我们什么？　A　
   A. 守时的重要性　　　B. 成功需要守时和刻苦

三、根据录音中的解释，把号码填在相应的词语后面

录音文本：①极短的时间。②指没有抓住机会。③深入研究。④比喻有智慧、计谋多。⑤未经安排而相遇。⑥年纪大。

1. 偶遇　⑤　　　　2. 年迈　⑥　　　　3. 片刻　①
4. 钻研　③　　　　5. 足智多谋　④　　6. 擦肩而过　②

第3课 守时如玉

第二部分（第三至五段）

③ 古往今来因守约守时抓住机会、获得成功的人很多。反之，因不守约不守时而失去机会的人也不在少数。

④ 下面一个故事。有一个公司向社会高薪招聘部门经理，经过层层筛选，有3位优秀者入选，试用期两个月。然而，一个月不到他们就全都被辞退了。原来，公司规定，各部门经理每天要在正式上班前三十分钟到董事长办公室，先进行宣誓，然后再回各部门工作。开始时，3位试用的经理还很紧张，严格遵守时间，但几天后，他们发现董事长和蔼可亲，偶尔有人迟到董事长也没有责怪，便开始懈怠。终于，大家先后迟到，尽管最短的只迟到了两分钟，但结果他们都得打道回府。他们去求董事长谅解，以保住职位。董事长异常郑重地告诉他们："你了解公司的规定并愿意来上班，代表着你同意遵守公司的规定，这其实是一种你跟公司的约定。而你们迟到违反了规定，更意味着没有信守约定。不肯信守约定是生意人的大忌。不论你们多么有才能，我们公司是不会请这样的人来办事的！"

⑤ 信守约定，是尊重别人的体现，同时也是获得别人尊重的一个资本，是赢得别人信赖和支持的前提与关键。而守约，又常常体现在守时上。守时，虽然只是简简单单的两个字，但却有着深刻的内涵：它表明了一个人的做事态度和基本素养。

听力练习

一、听第一遍录音，填空

1. 有一个公司向社会<u>高薪</u>招聘部门经理，经过层层<u>筛选</u>，有3位优秀者<u>入选</u>，试用期两个月。然而，一个月不到他们就全都被<u>辞退</u>了。

2. <u>信守约定</u>，是尊重别人的体现，同时也是获得别人尊重的一个<u>资本</u>，是<u>赢得</u>别人信赖和支持的<u>前提</u>与关键。

二、听第二遍录音，判断正误

1. 这个公司部门经理的职位工资很高。（ √ ）
2. 入选者还不是正式员工。（ √ ）
3. 入选者试用期结束后被辞退了。（ × ）
4. 入选者因为能力不足被辞退。（ × ）

5. 入选者不想离开。　　　　　　　　　　　　　　　（ √ ）

6. 董事长理解并原谅了他们。　　　　　　　　　　（ × ）

7. 守时是一个人做事态度、基本素养的体现。　　　（ √ ）

三、听第三遍录音，补充内容

1. 公司招聘了<u>3</u>位部门经理。

2. 部门经理需要每天比普通员工早上班<u>半（个）</u>小时。

3. 入选者开始很紧张，但后来<u>懈怠</u>了，于是先后迟到。

4. 董事长认为入选者迟到是没有<u>信守</u>约定。

5. 生意人的<u>大忌</u>是不守约。

6. 守约常常体现在<u>守时</u>上。

第三部分（第六至十一段）

⑥ 德国哲学家康德认为："无论是对老朋友，还是对陌生人，守时就是最大的礼貌。"美国第51届总统老布什常挂在嘴边的一句话是："迟到就是犯罪。"鲁迅先生也曾经说过："浪费别人的时间就等于谋财害命。"

⑦ 对于那些有时间观念的人来说，守时绝对是一件极为重要的事。

⑧ 时间不会因为任何人放缓或改变它的脚步，而人生琐事繁多，更有很多不可预料之事。因此，要想守时，必须要做好规划。

⑨ 规划是多方面的，首先应该注意统筹安排，保持生活物品、日程安排的有序有效。比如，把钥匙、钱包、手机放在固定的地方，减少到处寻找花费的时间；再比如，制定每天从早到晚的活动日程表，并严格遵守。

⑩ 除此之外，制定规划要有弹性，比如要为不可预计的意外预留时间，如交通问题、迷路、丢东西等。若是去某个地方需要十分钟，那么至少要预留二十分钟来应对那些"意外"。

⑪ 守时的人信奉的准则是"来得巧，不如来得早"，所以他们不但绝不迟到，而且常常早到。在等待的时间里，或者看看邮件、新闻，或者是读书、看看风景，守时的人不仅不会白白浪费这个空白段，还很享受并有所收获。这就好像只买电影票，却意外获赠了饮料和爆米花，让人身心愉悦，轻松舒畅。

（作者编辑整理）

第3课　守时如玉

听力练习

一、根据录音，选择正确答案

1. 有时间观念的人认为，守时__B__。
   A. 比较重要　　　　　　B. 极为重要
2. 钥匙、钱包、手机放在__B__，可以减少寻找的时间。
   A. 一起　　　　　　　　B. 固定的地方
3. 去某个地方需要十分钟，__A__预留二十分钟应对"意外"。
   A. 至少　　　　　　　　B. 最多
4. 守时的人信奉的原则是__A__。
   A. 来得巧，不如来得早　　B. 来得早，不如来得巧

二、根据录音，判断正误

1. 德国科学家康德认为："迟到就是犯罪。"　　　　　（×）
2. 对于有时间观念的人来说，守时极为重要。　　　　（√）
3. 要守时，严格遵守事先的规划很重要。　　　　　　（√）
4. 多预留时间可以有效避免迟到。　　　　　　　　　（√）
5. 守时的人早到时，常抓紧时间休息一会儿。　　　　（×）
6. 守时的人很享受等待的时间。　　　　　　　　　　（√）

三、根据录音，搭配词语

录音文本：A. 时间　B. 遵守　C. 脚步　D. 收获　E. 浪费　F. 规划　G. 意外

1. 放缓__C. 脚步__　　2. 做好__F. 规划__　　3. 预留__A. 时间__
4. 白白__E. 浪费__　　5. 应对__G. 意外__　　6. 严格__B. 遵守__
7. 有所__D. 收获__

第4课　地下宫殿十三陵

第一部分（第一至三段）

4-2

　　① 举世闻名的北京紫禁城是世界上最大的皇宫建筑群，开始修建于中国的明朝（1368—1644年）。在明朝200多年的历史中，先后有13位皇帝在这里延续明帝国的统治。而这13位皇帝死后都葬在了另一处——同样修建于明朝的十三陵中。位于北京北部一片山谷中的十三陵是世界上占地面积最大的皇家陵园，它也是明帝国的另一个"紫禁城"。陵园内的建筑全部依照皇宫建造，每一个陵墓都建有高大的城墙和金碧辉煌的宫殿。

　　② 20世纪50年代中期，一项考古计划试图解开十三陵所有的秘密，但最终只有定陵的地宫被成功地打开。定陵是中国第一个，也是唯一一个被考古学家打开的皇帝陵墓。陵墓的主人是一位神秘的皇帝——朱翊（yì）钧（jūn），他在紫禁城中度过了三十年与世隔绝的生活，直到长眠于这一座更加封闭的地下宫殿。

　　③ 按照中国古老的传说，古代中国人相信，人在死亡后，灵魂会在另一个世界生活，那是一个与人间差不多的世界，相对于人们生活的阳间世界，中国人把它称为阴间。对阴间世界的想象，使得中国人自古以来都非常重视坟墓的修建，这不仅仅是民间百姓乐于遵从的一个传统习俗，高高在上的皇帝，尤其如此。绝大多数中国皇帝都在坐上皇位后就开始修建自己的陵墓。北京郊区的这些陵墓就是其中保存较为完整的皇帝陵墓建筑群之一。

听力练习

一、听第一遍录音，符合十三陵情况的画"√"，不符合的画"×"

　　1. 是皇宫　　　　　　　　　　　　（ × ）

　　2. 明朝修建　　　　　　　　　　　（ √ ）

　　3. 葬有13个皇帝　　　　　　　　　（ √ ）

第4课 地下宫殿十三陵

4. 在北京南部 （×）
5. 世界上最大的皇家陵园 （√）
6. 金碧辉煌 （√）
7. 也叫紫禁城 （×）
8. 定陵没成功打开 （×）

二、听第二遍录音，选择正确答案

1. 紫禁城是世界上最大的__A__。
   A. 皇宫建筑群　　　　　　B. 皇家陵园

2. 明朝持续了多长时间？__B__
   A. 少于200年　　　　　　B. 多于200年

3. 十三陵的建筑和紫禁城有关系吗？__A__
   A. 依照紫禁城而建　　　　B. 与紫禁城无关

4. 十三陵的陵墓都建有金碧辉煌的__B__。
   A. 宫墙　　　　　　　　　B. 宫殿

5. 定陵在中国__B__被成功打开的陵墓。
   A. 是第一个，但不是唯一一个　　B. 是第一个，也是唯一一个

6. 按照中国的传说，人们生活的世界叫__A__。
   A. 阳间　　　　　　　　　B. 阴间

7. 十三陵的陵墓是皇帝为谁建造的？__B__
   A. 皇帝的父亲　　　　　　B. 皇帝自己

三、根据录音中的解释，把号码填在相应的词语后面

4-3　录音文本：①形容建筑物非常华丽、漂亮。②尝试、打算。③严密关住或盖住，使不能随便通行或打开。④指人去世。⑤从古代到现在。⑥使人看不透，想不透。⑦以坟墓为主的园林。

1. 封闭 __③__　　2. 陵园 __⑦__　　3. 金碧辉煌 __①__
4. 长眠 __④__　　5. 试图 __②__　　6. 神秘 __⑥__
7. 自古以来 __⑤__

第二部分（第四至八段）

④ 明朝的都城最初并不设在北京，而是设在了长江以南的南京，至今在那里还保存着明朝建筑的城墙和开国皇帝朱元璋（zhāng）的陵墓。

⑤ 朱元璋死后，把皇位传给了自己的一个孙子，这引起他儿子朱棣（dì）极大的不满。朱棣很快就从自己所在的城市——北京发动兵变，兵变的军队攻到南京，展开了一场血腥的大屠杀之后，朱棣夺得皇位。

⑥ 做了皇帝以后，朱棣决定把都城迁到北京，他征调上百万的工匠建造北京的城墙和宫殿。这个浩大而繁杂的工程还没完工，他就开始在北京郊区修建自己的陵墓。这就是十三陵中第一个建造的陵墓——长陵。

⑦ 朱棣把这片本来叫黄土山的山谷改名为天寿山，从此，这片山谷就成为明朝的皇家陵园。包括朱棣在内，共有13位明朝皇帝在这里修建了陵墓，故称十三陵。到明朝灭亡时，整个陵园的总面积已超过120平方公里，这比当时明朝的都城北京城的面积还要大。

⑧ 不朽的工程建筑在人民的血汗之上。十三陵中每个陵墓的建造都是一项浩大的工程，大部分陵墓都经过了几年甚至十几年的时间才最终建成。每年参加修建的人多达数万，200多年的时间里，这里的工程几乎从未间断。

听力练习

一、听第一遍录音，填空

1. 明朝的都城最初并不设在<u>北京</u>，而是设在了长江以南的<u>南京</u>。

2. 朱棣把这片本来叫黄土山的山谷<u>改名为</u>天寿山，从此这片山谷就成为明朝的皇家<u>陵园</u>。包括朱棣在内，共有13位明朝皇帝在这里修建了<u>陵墓</u>，到明朝<u>灭亡</u>时，整个陵园的总面积已超过<u>120</u>平方公里，这比当时明朝的都城<u>北京</u>城的面积还要大。

3. 十三陵中每个陵墓的建造都是一项<u>浩大</u>的工程，大部分陵墓都经过了<u>几年</u>甚至<u>十几年</u>的时间才最终建成。

二、听第二遍录音，判断正误

1. 明朝只有一个都城。　　　　　　　　　　　　　　　（ × ）
2. 十三陵里有朱元璋的陵墓。　　　　　　　　　　　　（ × ）
3. 朱棣是朱元璋的孙子。　　　　　　　　　　　　　　（ × ）
4. 朱棣的皇位是抢来的。　　　　　　　　　　　　　　（ √ ）
5. 朱棣从南京发动兵变。　　　　　　　　　　　　　　（ × ）
6. 朱棣为了争夺皇位发动兵变，导致很多人死于战争。　（ √ ）
7. 朱棣做皇帝以后，把都城设在了北京。　　　　　　　（ √ ）
8. 朱棣的陵墓是十三陵中第二个建造的。　　　　　　　（ × ）
9. 每年修建陵墓都需要十几万人。　　　　　　　　　　（ × ）

三、听第三遍录音，补充内容

1. 朱元璋是在<u>南京</u>做皇帝的，其陵墓也在那个城市。
2. 朱棣极为不满并发动兵变，是因为朱元璋把<u>皇位</u>传给了孙子。
3. 朱棣<u>夺</u>得皇位后，就开始修建自己的陵墓。他的陵墓叫<u>长陵</u>。
4. 十三陵一共修建了<u>200多年</u>。
5. 建造这些不朽的工程，<u>人民</u>付出的血汗最多。

第三部分（第九至十一段）

4-7

⑨ 十三陵的总体布局像一棵根深叶茂的大树，每一座陵墓都像伸向四周的树枝，而这棵大树的主干就是那条通向陵墓的神道。神道是进入整个十三陵的必经之路，所有皇帝入葬时都要经过这里。神道两边排列着18对巨大的石像，这些是文武官员的石像，表示皇帝死后在阴间依然是主宰者，这些官员在皇帝生前服侍左右，在其死后也随时准备把皇帝的命令传向四方。

⑩ 中国的皇帝向来是这样地渴望长命不朽，他们渴望自己的陵墓永世长存，渴望自己在死后继续拥有无上的权力，在另一个世界里保佑自己的后世子孙可以永远做国家的主宰者。

⑪ 按照中国古代的陵寝制度，十三陵的地面建筑全部依照皇宫建造，每个陵墓都各自拥有一套完整的建筑群。外面是高大的城墙，城墙内建有辉煌的宫殿。和紫禁

城里的皇宫一样,这些宫殿也同样富丽堂皇、气势非凡,似乎这里并不是陵墓,而是皇帝的行宫。只是,这一次皇帝的行程路途遥遥。

(作者结合中央电视台纪录片《十三陵探秘》
及网络上十三陵的介绍内容编辑整理)

听力练习

一、根据录音,选择正确答案

1. 十三陵内的 __B__ 是皇帝入葬时的必经之处。
   A. 大树　　　　　　　　B. 神道

2. __B__ 巨大的石像排列在神道两侧。
   A. 18 个　　　　　　　　B. 18 对

3. 中国的皇帝希望自己死后可以 __A__ 。
   A. 保佑后代　　　　　　B. 获得安静

4. 十三陵 __A__ 。
   A. 依照皇宫建造　　　　B. 是皇上的行宫

二、根据录音,判断正误

1. 十三陵有一个主干道——神道。　　　　　　　　　　　　　（ √ ）
2. 十三陵内有很多文武官员。　　　　　　　　　　　　　　　（ × ）
3. 皇帝入葬不会经过文武百官的石像。　　　　　　　　　　　（ × ）
4. 中国皇帝希望死后仍有人服侍。　　　　　　　　　　　　　（ √ ）
5. 十三陵是一个很大的建筑群,这个大建筑群由一些小的建筑群组成。（ √ ）

三、根据录音,搭配词语

录音文本: A. 城墙　B. 宫殿　C. 权力　D. 建筑群

1. 无上的 __C. 权力__ 　　　　2. 高大的 __A. 城墙__
3. 完整的 __D. 建筑群__ 　　　4. 辉煌的 __B. 宫殿__

第5课 合作优于竞争

第一部分（第一至五段）

① 有一个笑话。一群人站在院子里祈祷。有的想成为富翁，有的想娶富翁的女儿，有的希望能生个小孩儿。在这群人中间有一个乞丐，他也小声地祈祷着。"喂，"有人问他，"您在祈祷什么呀？""我祈祷自己是这座城市里唯一的乞丐。"

② 这个笑话引用到市场竞争中，可以反映出这样的现象，商家永远希望市场上没有竞争者，这样就可以独占市场、实现利益最大化。但实际上，这基本是不可能的，竞争是无处不在的。与其在竞争中拼个你死我活、两败俱伤，不如在合作中求双赢、谋发展。在彼此信任的基础上，一定程度的合作会带来更大的利益。

③ 一个商家可能在某个领域或某个方面拥有绝对的优势，但也总有些领域无法插足，或某些方面在对手面前望尘莫及。怎么办？全力突破弱项？——不，当你把全部精力用于弱项时，那可能会导致你的长项也变得平庸。这时候，合作优于竞争。整合全部资源进行合作，可以取长补短，使双方实力大增，获得更大的利益。所以有时竞争还不如尽释前嫌，全力合作。

④ 相当多的人发现，只要转换角度，就可以获得双赢的结果。

⑤ "只要有强大的、难以抗拒的共同利益，昨天的对手今天就可能是朋友。"这是西方的一句名言，同时也是在商业竞争中，商家们最好的选择。

听力练习

一、听第一遍录音，判断正误

1. 一群人站在街上祈祷。　　　　　　　　　　（ × ）
2. 乞丐每天祈祷。　　　　　　　　　　　　　（ × ）
3. 一个乞丐祈祷没有竞争者。　　　　　　　　（ √ ）
4. 竞争可能导致两败俱伤。　　　　　　　　　（ √ ）

5. 无条件合作才能双赢。 （×）

6. 合作可以取长补短。 （√）

7. 对手永远是敌人。 （×）

8. 合作是商家最好的选择。 （√）

二、听第二遍录音，选择正确答案

1. 下面哪一项是人们祈祷的内容？ __B__
   A. 中个大奖　　　　　　　B. 娶富翁的女儿

2. 商家最大的愿望是什么？ __A__
   A. 独占市场　　　　　　　B. 取长补短

3. 什么情况下，竞争双方都能都获得利益？ __A__
   A. 合作　　　　　　　　　B. 斗争

4. 合作会带来更大的利益，但要以什么为基础？ __B__
   A. 自身强大　　　　　　　B. 信任对方

5. 全力突破弱项可能会怎样？ __A__
   A. 导致平庸　　　　　　　B. 取长补短

6. 什么情况下对手可能成为朋友？ __B__
   A. 竞争消失　　　　　　　B. 有共同利益

三、根据录音中的解释，把号码填在相应的词语后面

录音文本：①形容远远落后。②斗争的双方都受到损伤。③把以前的怨恨完全丢开。④无论什么地方都有。⑤吸取别人的长处，来弥补自己的短处。

1. 无处不在　④　　　　　　2. 望尘莫及　①
3. 两败俱伤　②　　　　　　4. 取长补短　⑤
5. 尽释前嫌　③

第二部分（第六至十二段）

⑥ 美国费城西部，有两家布料商店，隔街而设。由于同样都卖布料，两家的老板常常发生争吵，而爆发价格战更是家常便饭。

⑦ 如果哪一天，两个商店中的一个贴出"某商品6美元"的广告，对面肯定马上贴出该商品5.9美元的广告，然后6美元的商店又会降到5.8美元，对面会继续换上新的降价牌子。

⑧ 这样的价格战爆发时，两个老板互不相让，不断地降价，直到最后其中一人愿意认输。

⑨ 人们可不管谁输谁赢，竞相跑到价格低的商店购买东西。由于这种利好消息的远播，越来越多的顾客慕名而来，满意而归。这样的日子一直持续了三十多年。

⑩ 后来，其中一家店的老板去世了，一周后，另一家的老板也以年纪大为由关了商店。两家店铺先后被卖了出去。

⑪ 很凑巧，这两家店铺被同一个人买了下来。当这位新主人进行大清点时，发现两位老板的住房有一条暗道相通。除此之外，更让人感到惊讶的是，这两个平时相互咒骂的老板居然是兄弟！

⑫ 两兄弟表面上是在进行价格战争，实际上是在合作，最后无疑取得了双赢，将各自的商品一起卖了出去。两家老板的合作，再一次证明了，在商业竞争中，合作是竞争双方最好的选择。

听力练习

一、听第一遍录音，填空

如果哪一天，两个商店中的一个贴出"某商品<u>6</u>美元"的广告，对面肯定马上贴出该商品<u>5.9</u>美元的广告，然后<u>6</u>美元的商店又会降到<u>5.8</u>美元，对面会继续换上新的降价牌子。

这样的价格战爆发时，两个老板<u>互不相让</u>，不断地降价，直到最后其中一人愿意<u>认输</u>。人们可不管谁输谁赢，<u>竞相</u>跑到价格低的商店购买东西。

二、听第二遍录音，判断正误

1. 两家商店卖同类商品。　　　　　　　　　　　　　　（ √ ）

2. 两个老板常常吵架。　　　　　　　　　　　　　　　（√）

3. 两个商店只发生过一次很严重的价格大战。　　　　　（×）

4. 这里能买到便宜的东西，所以很多人都来。　　　　　（√）

5. 三十多年后两个老板都去世了。　　　　　　　　　　（×）

6. 后来两个商店归一人所有。　　　　　　　　　　　　（√）

7. 两个商店原来的敌对竞争关系是假的。　　　　　　　（√）

三、听第三遍录音，补充内容

1. 两家商店是竞争关系，爆发价格战是<u>家常便饭</u>。

2. 来这里买东西的人越来越多，是因为这里的商品<u>价格低</u>。

3. 两个商店"竞争"了<u>三十多年</u>。

4. 后来，一个老板去世了，另一个老板也<u>关了商店</u>。

5. 两家店铺有暗道相通，而且两个老板是<u>兄弟</u>。

6. 两个老板的故事再一次证明了，竞争的双方<u>合作</u>会带来双赢的结果。

5-7

第三部分（第十三至十九段）

⑬ 另一个合作优于竞争的故事。

⑭ 一只乌龟和一只兔子互相争辩谁跑得快，于是，它们决定来一场比赛以分高下。事实上，后来它们进行的比赛不止一场。

⑮ 首场比赛中，善于奔跑的兔子开始时遥遥领先，途中却决定在树下小睡稍作休息，而慢吞吞爬来的乌龟则趁机超过它，率先到达终点，成了冠军。

⑯ 兔子失望之余，深刻反省自己的自负、大意以及散漫。它决定和乌龟再来另一场比赛，而乌龟也同意了。这次，兔子全力以赴，从头到尾，一口气跑完，把乌龟落下好几公里。

⑰ 这下该乌龟好好检讨了，它想清楚了自己失败的原因，于是要求在另一条稍许不同的路线上再来一场比赛，兔子同意了。出发后，兔子一直快速前进，直到碰到一条宽阔的河流，而比赛的终点就在河的对面，兔子一时不知怎么办才好。这时候，乌龟却一路慢慢爬来，爬入河里，游到对面，继续爬行，完成比赛。

⑱ 这下子，兔子和乌龟成了惺惺相惜的好朋友。它们决定再跑一场，但这次是

团队合作。它们一起出发,先是兔子扛着乌龟到河边。然后乌龟接手,背着兔子过河。到了河对面,兔子再次扛着乌龟,两个一起到达终点。比起前几次,它们都感受到一种更大的成就感。

⑲ 这个故事告诉我们,整合所有的资源并且团队合作,才能达到双赢的结果。最重要的是,当我们不再与竞争对手较力,而开始在某一情境下合作逐鹿时,我们会表现得更好。

[选自凯斯恩《笑话中的经济学》、黄梦溪等《一口气读懂经济学》,以及网络文章《龟兔故事》(htpp://ishare.iask.sina.com.cn/f/iyuWQ03frl.html)(2020-5-8),有删改]

听力练习

一、根据录音,选择正确答案

1. 第一次比赛__A__赢了。
   A. 乌龟　　　　　　　　B. 兔子

2. 兔子因为在__B__睡着了,所以输了。
   A. 河边　　　　　　　　B. 树下

3. 兔子失败是因为__B__。
   A. 没有自信　　　　　　B. 大意散漫

4. 乌龟第二次赢是因为__B__。
   A. 跑得快　　　　　　　B. 换路线

5. 兔子和乌龟因为__A__,所以成了好朋友。
   A. 敬重对方的优点　　　B. 害怕对方的优点

6. 整合所有的资源__A__,结果会更好。
   A. 进行合作　　　　　　B. 单打独斗

7. 当我们不再与竞争对手较力时,我们会__B__更好。
   A. 心情　　　　　　　　B. 表现

二、根据录音,判断正误

1. 它们总共跑了三次。　　　　　　　　　　　　　　　　(×)
2. 第二次比赛和第三次比赛的结果相同。　　　　　　　　(×)

3. 第三次比赛乌龟取胜，是因为兔子凑巧不会游泳。（√）

4. 兔子和乌龟都善于总结经验教训。（√）

5. 兔子在所有的比赛中都全力以赴，但有输有赢。（×）

6. 最后一次比赛中，乌龟和兔子都帮助了对方。（√）

7. 兔子和乌龟合作后表现得更好，也更有成就感。（√）

5-8

三、根据录音，搭配词语

录音文本：A. 河流　B. 到达　C. 休息　D. 反省　E. 资源

1. 稍作　C. 休息　　2. 率先　B. 到达　　3. 深刻　D. 反省

4. 整合　E. 资源　　5. 宽阔的　A. 河流

第6课 爱一行，干一行

第一部分（第一至十段）

① 某天我去一家新开的湖南餐馆吃饭，刚进门，热情的老板迎了上来，张口就问："您好！是朋友介绍过来的吧？"我愣了一下，说："对啊。"他又问："是×××吗？"

② 我有点儿被吓到，但更好奇，问猜测的根据。

③ 他细细分析："第一，现在已经是晚上11点了，店门口修路交通不便，又是刚刚开业，所以这个时间段能上门的生面孔客人基本都是朋友介绍来的。第二，您背着一个摄影包，还露出半支笔，应该是从事新闻一类的工作，老顾客里面，工作圈子与您吻合的人并不多。第三，既然能成为朋友，年龄和形象气质一定不会差距太大，排除掉工作不符的，和您年龄相仿、打扮也差不多的女士就是了。"

④ 我连声叹服。在他的推荐下点了几个菜，味道相当不错。我边吃边聊，老板说他起初在一些高级酒店里面打工，别人在工作之余玩乐休息，他只喜欢坐在酒店角落里观察来来往往的客人，琢磨他们的职业、心理和消费能力。后来他甚至专门自费去学习了一年心理学课程。

⑤ "您这家店生意好吗？"

⑥ "还不错。"他看了看深夜依然客人坐满了大半的大厅，"起初生意也不好，后来想了点儿办法才好起来的。我请了亲戚朋友来店里吃饭，一日三餐都免费，一连吃了半个月。"

⑦ "这么大手笔请吃饭还能生意好？不会赔死？"我无法理解。

⑧ "请客自然是赔的，但这半个月里，任何时间店里面都是人头攒动、生意兴隆的样子，甚至还要等位排号。这么火爆的饭店谁会不想来尝尝味道？请完半个月的客，我的客流不但一点儿没少，反而增加了。你说这点儿菜钱花得值不值？"

⑨ 当然是值的。

⑩ 那天晚上从他的店里出来，我边走边想，想了很多。

听力练习

一、听第一遍录音，符合餐馆老板情况的画"√"，不符合的画"×"

1. 餐馆开在湖南　　（×）　　2. 以前不认识作者　　（√）
3. 推理分析能力强　（√）　　4. 开过高级酒店　　　（×）
5. 喜欢观察客人　　（√）　　6. 学过心理学　　　　（√）
7. 经常免费请客　　（×）　　8. 餐馆生意不太好　　（×）

二、听第二遍录音，选择正确答案

1. 作者是怎么认识餐馆老板的？　B
   A. 朋友介绍的　　　　　　B. 去餐馆吃饭认识的

2. 老板对作者态度怎么样？　A
   A. 热情　　　　　　　　　B. 冷淡

3. 老板怎么知道作者是朋友介绍来的？　B
   A. 朋友告诉他的　　　　　B. 观察推理的结果

4. 在高级酒店打工时，老板工作之余一般做什么？　B
   A. 玩乐　　　　　　　　　B. 研究客人

5. 为了更好地了解客人，老板做了什么？　B
   A. 开餐馆　　　　　　　　B. 学心理学

6. 餐馆生意起初怎么样？　A
   A. 不太好　　　　　　　　B. 还不错

7. 为了让生意好转，老板做了什么？　A
   A. 请亲友免费吃饭　　　　B. 让亲友来消费

8. 老板请亲戚朋友吃了多长时间饭？　B
   A. 三天　　　　　　　　　B. 十五天

9. 老板不再请人吃饭后，客流有什么变化？　A
   A. 增加　　　　　　　　　B. 减少

第6课 爱一行，干一行

三、根据录音中的解释，把号码填在相应的词语后面

录音文本：①指办事、用钱的气派。②人或事物之间的差别程度。③张开嘴巴，一般是吃饭或说话。④拥挤在一起晃动。⑤除掉。⑥思索，考虑。⑦完全符合。

1. 张口 __③__　　　2. 排除 __⑤__　　　3. 吻合 __⑦__

4. 差距 __②__　　　5. 琢磨 __⑥__　　　6. 手笔 __①__

7. 攒动 __④__

四、根据录音回答问题

1. 作者最可能是 __A__ 。

　　A. 记者　　　　B. 摄影师

第二部分（第十一至十七段）

⑪ 我回忆起曾经遇见的一位私车司机。私车，用贬义一点儿的说法就是"黑车"，这种黑车见不得光，只能拉拉私活儿。这样的司机很多也都秉着"干一天算一天"的想法，衣着和言谈举止极其随意，不注意卫生，还宰客。所以不是万不得已，我根本不愿坐这样的车。

⑫ 然而有段时间我特别喜欢用这位私车司机的车，只因他和其他司机不太一样，永远穿着一丝不苟的白衬衫和蓝布裤子，头发梳得整齐，说话礼貌，轻声轻语。车里永远整洁如新，没有那种刺鼻的车用香水味，反倒有淡淡的果香——每次我上车，他都会变魔术一样拿出一盒洗好的水果，热情地邀请我品尝。

⑬ 他的车上有游戏机、矿泉水、充电宝、雨伞，甚至还有一块大大的、洗得干干净净的厚实毛巾，女士如果冷了可以披着。

⑭ 最近几次坐他车的时候，发现前座居然贴上了一张小纸条：本车提供 Wi-Fi。下面写着用户名和密码。

⑮ 我叹服，问他为什么明明飘萍一样的营生，居然也做得这么细致用心。

⑯ 他想了好半天，答："我喜欢开车，喜欢就自然这么做了，没有原因。"

⑰我劝他改行,因为私车实在不合法。他接受我的建议,但很认真地对我说:"不管怎么说,将来我还是要开车的。做别的,没兴趣,也做不好。"

听力练习

一、听第一遍录音,填空

有段时间我特别喜欢用他的车,只因他和其他司机不太一样,永远穿着<u>一丝不苟</u>的白衬衫和蓝布裤子,头发梳得<u>整齐</u>,说话礼貌,<u>轻声轻语</u>。车里永远<u>整洁如新</u>,没有那种<u>刺鼻</u>的车用香水味,反倒有<u>淡淡</u>的果香——每次我上车,他都会变魔术一样拿出一盒洗好的水果,<u>热情</u>地邀请我品尝。

二、听第二遍录音,判断正误

1. 很多"黑车"司机没有长远打算。　　　　　　　　　　（ √ ）
2. 作者万不得已才坐那位司机开的"黑车"。　　　　　　（ × ）
3. 那位"黑车"司机衣着整洁,说话有礼貌。　　　　　　（ √ ）
4. 那位"黑车"司机喜欢作者,所以为她准备了水果。　　（ × ）
5. 那位"黑车"司机非常用心,还特别考虑了女士的需求。（ √ ）
6. 那位"黑车"司机做着他最想做的工作。　　　　　　　（ √ ）

三、听第三遍录音,补充内容

1. "黑车"只能拉拉私活儿,是<u>见不得光</u>的。
2. "黑车"司机的想法一般都是"<u>干一天算一天</u>",不会考虑很远。
3. 他的衣着总是<u>一丝不苟</u>,说话总是<u>轻声轻语</u>。
4. 他的营生像飘萍一样不稳定,但他却做得<u>细致用心</u>,因为他<u>喜欢</u>开车。

第三部分(第十八段至二十五段)

⑱在一次校园演讲中,一个男生问了我一个问题:"我将来该做些什么?我的路在哪里?"

⑲我想了想,反问他:"如果现在给你一个机会,不必考虑收入、面子、家人

第6课 爱一行，干一行

的期许等许多客观条件，让你选择一项'最爱'的职业，你会选择什么？"

⑳ 让我惊讶的是，包括这名学生在内的大多数人居然迟疑许久，毫无头绪。

㉑ 他们根本不知道自己的"最爱"是什么。有的人觉得翻译收入不错，有的人觉得医生受尊敬，不然干脆开个咖啡馆吧……但似乎没有哪一份工作真的让他们觉得梦寐以求、义无反顾，甚至宁愿抛弃一切想要去做。

㉒ 老话说："干一行，爱一行。"但真正能把一份工作做到极致，成为万千人中为数不多的佼佼者，却只能是"爱一行，干一行"。全情投入才会在竞争激烈的同行业中脱颖而出。

㉓ 无爱的婚姻会奄奄一息，无爱的工作是苟延残喘。任何喜好都有可能成为未来的工作；关键只在于你是否动了情、上了瘾，愿意为此绞尽脑汁，拼力一搏。

㉔ 这并不一定是圆梦的必然条件，但起码会是成功的开始。

㉕ 话又说回来，即使没有成功，这样放肆前进的勇士亦值得尊重。毕竟具备生存价值和意义才是活着的终极目标，这是人类和动物的区别，也是自我救赎的最优方式。

（选自辉姑娘《时间会证明一切》，有删改）

听力练习

一、根据录音，选择正确答案

1. 作者认为这些学生在择业方面的表现 __B__ 。
   A. 很乐观   B. 不乐观

2. 学生们 __A__ 没有"最爱"的职业。
   A. 多数人   B. 少数人

3. 作者认为应该 __B__ 。
   A. 干一行，爱一行   B. 爱一行，干一行

4. 作者用 __B__ 形容无爱的工作。
   A. 奄奄一息   B. 苟延残喘

5. 作者认为因喜爱而选择的工作 __A__ 。
   A. 值得尊重   B. 不必考虑

二、根据录音,判断正误

1. 那个问问题的男生找到了答案。　　　　　　　　　　　　（ × ）
2. 多数学生心中都没有梦寐以求、可以为之义无反顾的工作。（ √ ）
3. 有人选择医生这个工作,因为他喜欢当医生。　　　　　　（ × ）
4. "喜爱"是把工作做到极致的前提条件。　　　　　　　　（ √ ）
5. 要在同行业中脱颖而出需要全情投入。　　　　　　　　　（ √ ）
6. 选择喜爱的工作,也要成功了才有意义。　　　　　　　　（ × ）

三、根据录音,搭配词语

录音文本: A. 头绪　B. 条件　C. 情　D. 目标　E. 瘾

1. 动　C. 情　　　　2. 上　E. 瘾　　　　3. 毫无　A. 头绪
4. 必然　B. 条件　　5. 终极　D. 目标

第7课 人可以最大限度地逼近真实

第一部分（第一至八段）

① 朋友给我讲过这样一个故事。

② 他祖父小的时候很聪明，也很有毅力，学业有成，正要大展宏图之际，曾祖父将他叫了去，拿出一个盒子，对他说："孩子，我想做一件事，可是我的时间不够了，做不完了。我要是交给你一个半成品，不如让你从头开始。

③ "原委是这样的。早年间，江南一个富豪有两册古时传下的集无数医家心血之大成的医书，富豪视若珍宝，从来不拿出来给人看。后来，一个壮士救了他的性命，就趁机提出借用他的医书，富豪勉为其难地答应了，但只借三天。

④ "壮士拿到书后，请人连夜赶抄医书，总算在规定时间之内依样画葫芦地描了下来。壮士把医书还给富豪，长出了一口气：'终于可以让这两部医书造福百姓了。'

⑤ "谁知，抄好的医书拿给医家一看，竟然是不能用的。医家以人的性命为本，必须严谨稳当。这种在匆忙之中由外行人抄下的医方，错漏之处特别多，而且错得离奇，漏得古怪，找不出规律，谁敢用它在病人身上做试验呢？

⑥ "壮士急急赶回富豪家，想再请富豪将医书出借一回。可富豪家迎接他的是冲天火光，藏书已统统化为灰烬，那两本医书自然也不例外。

⑦ "从此，这两册抄录的医书，就像鸡肋一样，虽然一代代流传了下来，但没有人敢用上面的方剂，也没有人舍得丢弃它。而流传过程中每一个抄写的人都依照自己的理解，将它订正改动一番，最后闹得愈加面目全非。"

⑧ 曾祖父的话说到这里，目光炯炯地看着祖父。

听力练习

一、听第一遍录音，符合壮士情况的画"√"，不符合的画"×"

1. 是作者的祖父　　　　　（ × ）　　2. 很有毅力　　　　　　（ × ）

3. 救了一个富豪　　　　　（√）　　4. 有两本祖传的医书　　（×）
5. 向富豪借过一次医书　　（√）　　6. 想用医书挣钱　　　　（×）
7. 他的医书没人敢用　　　（√）　　8. 他成功了　　　　　　（×）

二、听第二遍录音，选择正确答案

1. 曾祖父交给祖父的是什么？　B
   A. 一件完成品　　　　　　B. 一件半成品
2. 曾祖父不自己做的原因是什么？　A
   A. 时间不够　　　　　　　B. 能力不够
3. 富豪是怎么对待医书的？　A
   A. 视若珍宝　　　　　　　B. 常拿出来炫耀
4. 壮士借医书时，富豪　B　地答应借书三天。
   A. 痛痛快快　　　　　　　B. 勉为其难
5. 壮士拿到医书后，是由什么人抄录的？　B
   A. 壮士自己　　　　　　　B. 壮士请的外行人
6. 富豪的医书原件后来怎么样了？　B
   A. 变成鸡肋　　　　　　　B. 化为灰烬
7. 抄录的医书不能治病救人，是因为　A　。
   A. 错漏很多　　　　　　　B. 病人很少
8. 后来有人对医书进行过订正吗？　A
   A. 有　　　　　　　　　　B. 没有
9. 两册抄录的医书流传多年后，情况怎么样了？　B
   A. 更正一新　　　　　　　B. 面目全非

三、根据录音中的解释，把号码填在相应的词语后边

录音文本：①勉强去做能力达不到或不愿意做的事。②改正文字、计算中的错误。③做事牢靠、稳妥。④给人带来幸福。⑤样子完全不同了。⑥放手实施宏伟的计划和设想。⑦两眼明亮有神。⑧错误和遗漏。

1. 造福　④　　　2. 稳当　③　　　3. 错漏　⑧
4. 订正　②　　　5. 大展宏图　⑥　　6. 勉为其难　①

第7课 人可以最大限度地逼近真实

7. 面目全非　⑤　　8. 目光炯炯　⑦

第二部分（第九至十六段）

⑨ 祖父说："您手里拿的就是这两册书吗？您是要我把它们校勘出来？"

⑩ 曾祖父说："是，我希望你能让它们死而复生。但工程浩大，你这一辈子，是无法同时改正两本书的，现在你就从中挑一本吧。"

⑪ 祖父看着两本一模一样的宝蓝色布面古籍，斟酌许久，就像在两个陌生的美女之中挑选自己的终身伴侣，一时不知所措。

⑫ "随意吧。它们难度相同，济世救人的功用也是一样的。"曾祖父催促。

⑬ 祖父随手点了上面的那一部书。他知道从这一刻起，这一个动作，就把自己的一生同一方未知的领域，同一个事业，同一种缘分，牢牢地粘在了一起。

⑭ "好吧。"曾祖父把祖父选定的甲册交到他手里，把乙册收了起来，不让祖父再翻，怕祖父三心二意，最终一事无成。

⑮ 祖父没有辜负曾祖父的期望，穷尽毕生的精力，用了整整半个世纪的时间，将甲书所有的错漏之处更正一新。书中临摹不清的药材图谱，他亲自到深山老林一一核查。无法判定正误的方剂，他采集百草熬成药汤，以身试药，屡次晕厥在地。为了一句不知出处的引言，他查阅无数典籍……天文地理，古今中外，但凡书中涉及的知识，祖父都一一验证，直到确凿无疑。

⑯ 按说，祖父读了这么多医书，应该能成为一代名医，但是，祖父的博学只为校勘。他一生穷困艰窘，竟不曾用他验证过的神方医治过病人，获得过收益。

听力练习

一、听第一遍录音，填空

　　祖父没有辜负曾祖父的期望，穷尽毕生的精力，用了整整<u>半个世纪</u>的时间，将甲书<u>所有</u>的错漏之处更正一新。书中临摹不清的药材图谱，他亲自到深山老林<u>一一</u>核查。无法判定正误的方剂，他<u>采集</u>百草熬成药汤，以身试药，<u>屡次</u>晕厥在地。为了<u>一句</u>不知出处的引言，他查阅<u>无数</u>典籍……天文地理，古今中外，但凡书中涉及的知识，祖父都<u>一一</u>验证，直到确凿无疑。

二、听第二遍录音，判断正误

1. 曾祖父让祖父完成两本医书的校勘。　　　　　　（×）
2. 祖父不知道该选哪本书，随手选择了甲书。　　　（√）
3. 祖父亲自去山中核查书上的一些药材。　　　　　（√）
4. 祖父经常请别人试药。　　　　　　　　　　　　（×）
5. 祖父有时为验证一句话查阅无数典籍。　　　　　（√）
6. 祖父治好了很多人的病，但一生穷困艰窘。　　　（×）

三、听第三遍录音，补充内容

1. 曾祖父认为，校勘医书工程<u>浩大</u>，一生无法校勘两本书。
2. 两本古籍的外表<u>一模一样</u>，都是宝蓝色的布面。
3. 两本书<u>难度相同</u>，<u>济世救人</u>的功用也是一样的。
4. 因为曾祖父催促，祖父<u>随手点</u>了上面的那一本书。
5. 曾祖父怕祖父<u>三心二意</u>，不让他再翻看对比。
6. 更正甲书的过程中，祖父都是亲力亲为，主要做了三方面的工作：一是核查药材图谱，二是<u>以身试药</u>，三是<u>查找引言出处</u>。
7. 祖父读了很多医书，却没有成为一代<u>名医</u>。

第三部分（第十七至二十九段）

⑰ 到了祖父白发苍苍的时候，他终于将那册古书中的几百处谬误全部订正完了。

⑱ 人们欢呼雀跃，毕竟从此这本伟大的济世良方可以造福无数百姓了。

⑲ 但敬佩之情只持续了极短的一段时间。远方发掘了一座古墓，出土了许多保存完好的古简，其中正有甲书的原件。人们迫不及待地将祖父校勘过的甲书和原件相比较，结果是那样令人震惊。

⑳ 两者完全吻合。

㉑ 也就是说，祖父凭借自己惊人的智慧和毅力，以广博的学识和缜密的思维，加之异乎寻常的直觉，如同盲人摸象一般在黑暗中摸索，将甲书在漫长流传过程中产生的所有错误全部改正过来了。

㉒ 祖父用毕生的精力，创造了一个奇迹。

㉓但这个奇迹，又在瞬间烟消灰灭，毫无价值。古书原件已出土，人们只记得古书，没有人再记得祖父和他苦苦寻觅的一生。

㉔讲到这里，朋友久久地沉默着。

㉕"古墓里出土乙医书的真书了吗？"我问。

㉖"没有。"朋友答。

㉗我深深地叹息说："如果你的祖父在当初选择的瞬间挑选了乙书，结果就完全不一样了啊。"

㉘朋友说："我在祖父最后的时光也问过他这个问题。"祖父说："对我来说，甲书乙书是一样的。我用一生的时间说明了一个道理，人只要全力以赴地钻研某个问题，就有可能最大限度地逼近它的真实。"

㉙这已经足够。

（选自毕淑敏《一个人就是一支骑兵》，有删改）

听力练习

一、根据录音，选择正确答案

1. 医书订正后，人们 __A__ 。
   A. 欢呼雀跃　　　　　　B. 鸦雀无声

2. 订正的医书和出土的古简 __B__ 。
   A. 不太吻合　　　　　　B. 完全吻合

3. 祖父改正了医书中 __A__ 的错误。
   A. 所有　　　　　　　　B. 部分

4. 古墓出土了 __A__ 原件。
   A. 甲书　　　　　　　　B. 乙书

5. 祖父 __B__ 选择了甲书。
   A. 后悔　　　　　　　　B. 不后悔

6. 祖父订正这本医书 __A__ 意义。
   A. 有　　　　　　　　　B. 没有

二、根据录音，判断正误

1. 医书订正后，人们反应强烈。　　　　　　　　　　　　　（✓）

2. 人们的敬佩持续了很长时间。 （×）

3. 祖父用半生的经历，创造了一个奇迹。 （√）

4. 出土的古简与祖父校勘过的书，内容完全一致。 （√）

5. 人们无法忘记祖父的努力。 （×）

6. 祖父已经去世。 （√）

7. 祖父的努力说明了一个道理：人可以最大限度地逼近真实。 （√）

三、根据录音，搭配词语

录音文本：A. 奇迹　B. 谬误　C. 泡沫　D. 百姓　E. 寻觅　F. 古墓

1. 订正　B. 谬误　　2. 造福　D. 百姓　　3. 发掘　F. 古墓

4. 创造　A. 奇迹　　5. 化为　C. 泡沫　　6. 苦苦　E. 寻觅

第8课　这种养老方式很潮

第一部分（第一至六段）

一　空巢问题日趋严重

① 目前，中国的空巢家庭越来越多，已经超过有老人家庭的半数，大中城市达70%，农村也已超过38%。相关数据显示，到2050年，中国空巢老人家庭将占有老人家庭的54%以上。

② 有专家曾对13963名城市老人进行调查，发现40%的老人有孤独、压抑、心事无处诉说等问题。医学研究也表明，空巢老人最易出现老年抑郁和孤独，而抑郁症又会导致糖尿病、冠心病、高血压等生理疾病的发生。

③ 中国的空巢问题和中国的社会发展态势是分不开的。

④ 老年人基数大是一个重要原因。中国的一次政府报告中提到，中国人口老龄化态势明显，60岁以上人口占总人口的比重已经超过15%，老年人口比重高于世界平均水平。全国老龄委数据显示，从2015年到2035年，中国进入急速老龄化阶段，老年人口将从2.12亿增加到4.18亿，占比提升到29%。据预测，到2035年，中国每5个人里面就有1个老年人，那时候中国的老年人数量，将比英国、法国、德国、意大利、日本这5个发达国家的总人口加起来还要多。

⑤ 流动人口规模大造成大量人口分离。为寻求更好的工作机会、公司跨地域调配员工，致使很多人远离家乡；出国求学或工作，致使很多人流往异国……据第六次人口普查结果显示，2010年中国流动人口占总人口的比例为16.53%。而2011年流动人口增至2.36亿，相当于每6个人中就有1个是流动人口。很多流动者不具备接老人同住的条件，多数老人也不愿离开故土，离开熟悉的老同事、老邻居去陌生的环境生活，老人只能空巢而居。

⑥ 观念转变、生活方式不同等也造成空巢。现代年轻人的价值观念、生活方式常常与父母大相径庭，父母和子女之间单方或双方更愿意独立居住生活，以享受更多自由。生活水平的提高和住房条件的改善也为双方分开居住提供了条件。

听力练习

一、听第一遍录音，填入数字

老年人基数大是一个重要原因。中国的一次政府报告中提到，中国人口老龄化态势明显，<u>60</u>岁以上人口占总人口的比重已经超过<u>15</u>%，老年人口比重高于世界平均水平。全国老龄委数据显示，从<u>2015</u>年到<u>2035</u>年，中国进入急速老龄化阶段，老年人口将从<u>2.12</u>亿增加到<u>4.18</u>亿，占比提升到<u>29</u>%。据预测，到<u>2035</u>年，中国每<u>5</u>个人里面就有1个老年人，那时候中国的老年人数量，将比英国、法国、德国、意大利、日本这5个发达国家的总人口加起来还要多。

二、听第二遍录音，选择正确答案

1. 目前，中国空巢情况如何？ <u>B</u>
   A. 日趋稳定　　　　　　B. 日趋严重

2. 哪儿的空巢老人更多？ <u>B</u>
   A. 农村　　　　　　　　B. 城市

3. 到2050年，中国空巢老人家庭将占有老人家庭的 <u>B</u> 以上。
   A. 45%　　　　　　　　B. 54%

4. 有专家发现，多少老人有孤独、压抑、心事无处诉说等问题？ <u>A</u>
   A. 近半数　　　　　　　B. 超半数

5. 和2010年相比，2011年流动人口有何变化？ <u>A</u>
   A. 增加　　　　　　　　B. 减少

6. 2011年，流动人口占中国总人口的比例是多少？ <u>A</u>
   A. 六分之一　　　　　　B. 五分之一

8-3

三、请根据录音中的解释，把号码填在相应的词语后面

录音文本：①寻找追求。②对感情、力量等加以限制，使不能充分流露或发挥。③改变原有情况使好一些。④由一种情况变到另一种情况。⑤调动分配。⑥一种事物在整体中所占的分量。

1. 压抑 <u>②</u>　　　2. 比重 <u>⑥</u>　　　3. 寻求 <u>①</u>
4. 调配 <u>⑤</u>　　　5. 转变 <u>④</u>　　　6. 改善 <u>③</u>

第二部分（第七至十八段）

二　这种养老方式很潮

⑦ 张恒发今年61岁，和爱人分居近20年，唯一的女儿6年前远嫁他乡，剩下他一人在家，成了独居老人。一年前他退休了，每天无所事事，非常孤独。

⑧ 去年9月份的一天，张恒发接到了邻居周立建的电话："忙什么呢？我们这儿三缺一，来一起玩吧。"在打麻将之余，4个人相聊甚欢，张恒发从聊天中得知，陈继文和刘军也是独居老人，而且居住地都在附近。于是萌生了4个人一起生活的想法，提议后，得到了其他3人的赞同。

⑨ 下午，他们一起拟定了生活的日程安排：6：30到公园晨练，7：30吃早饭，早饭后看书、侃大山，12：00吃午饭、看电视，休息一会儿后，15：00打麻将或者做其他活动，19：00吃晚饭，然后各回各家睡觉。四个人按日轮换，在谁家活动谁就负责三餐。

⑩ 提议后的第二天，就从张恒发家开始，开启了他们一起生活的新模式。

⑪ 经过一个多月的磨合，4个人逐渐摸索出了规律，抱团养老的生活过得越来越丰富。今年春节，张恒发在和朋友聚会时，向大家介绍了他们的小团体，引起了好多朋友的兴趣。后来，不时有人申请加入，最后发展成了目前的13个人。

⑫ 7月26日，13个人组织去了太谷的农家牧场，在那里感受田间地头的农家生活。他们将摘好的水果和蔬菜带回家，准备上下一周的餐桌。

⑬ 每周末他们还会一起去钓鱼，给周末的大餐添上一道美食。他们约定，当天的午餐要由钓得少，并且钓的鱼小的3位负责，其他伙伴则可以休息。

⑭ 在被问及他们的费用如何分摊时，13个人同时答道："我们是AA制。""在经济上，我们不打架，在生活上我们相互照顾，这一年来，我感受到了好多从未感受过的温暖。"张恒发这样告诉记者。

⑮ 一周前，张恒发因为高血压住了院，其他12个人开始轮流照顾他，除了每天正常的三餐外，还为他洗漱、按摩……

⑯ 抱团养老的方式很早就在国外盛行。随着观念的开放，国内不少独居老人，也想到了抱团养老，这说明老年人开始寻求自己喜欢的养老方式了。这种方式，在一定程度上排解了儿女不在身边的寂寞。

⑰ 这种抱团的方式，不会给老年人带来约束感，聊得来、玩得来就可以长期在一起，否则也可以选择退出。而且，经济上提前约定好，不会产生纠纷。

⑱老人们选择和有共同语言、共同爱好的伙伴在一起，在养老方式上很容易达成一致。可以说，以抱团的形式养老是一种不错的方式，能让老年人在自由中体验到互助和快乐。

（选自《生活晨报》文章《一起吃饭一起玩！太原这13位老人的养老方式有点潮！》，作者乔静涛，有删改）

听力练习

一、听第一遍录音，符合张恒发情况的画"√"，不符合的画"×"

1. 和爱人离婚了　　　（×）　　2. 有一个儿子　　　　　　（×）
3. 现在退休了　　　　（√）　　4. 会打麻将　　　　　　　（√）
5. 和其他老人住在一起（×）　　6. 喜欢他的伙伴们　　　　（√）
7. 住过一次院　　　　（√）　　8. 帮伙伴负担部分生活费用（×）

二、听第二遍录音，补充内容

1. 张恒发退休后，<u>整天无所事事</u>，非常孤独。
2. 打麻将之际，张恒发<u>萌生</u>了4个人一起生活的想法，其他3人也很<u>赞同</u>。
3. 提议的第二天，他们就开始一起生活。
4. 他们每天在一起生活大概<u>十二个半小时</u>。
5. 4个人开始生活时也有一些问题，但<u>磨合</u>了一个多月后，他们逐渐摸索出了规律。
6. 7月26日，老人们去农场感受农家生活，摘了一些<u>水果和蔬菜</u>。
7. 抱团养老可以在一定程度上<u>排解</u>儿女不在身边的寂寞。
8. 抱团养老不会产生纠纷，是因为经济上<u>提前约定好了</u>。
9. 抱团养老让老人在自由中体验到<u>互助和快乐</u>。

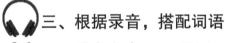三、根据录音，搭配词语

录音文本：A. 照顾　B. 轮换　C. 一致　D. 规律　E. 纠纷　F. 寂寞

1. 按日　<u>B. 轮换</u>　　2. 摸索　<u>D. 规律</u>　　3. 轮流　<u>A. 照顾</u>
4. 排解　<u>F. 寂寞</u>　　5. 产生　<u>E. 纠纷</u>　　6. 达成　<u>C. 一致</u>